资本结构决策中的同伴效应研究：
基于中国上市公司的实证分析

徐　萌　著

Wuhan University Press
武汉大学出版社

图书在版编目（CIP）数据

资本结构决策中的同伴效应研究：基于中国上市公司的实证分析/徐萌著. — 武汉：武汉大学出版社，2023.3

ISBN 978-7-307-23487-1

Ⅰ．资… Ⅱ．徐… Ⅲ．上市公司－资本形式－经济决策－研究－中国

Ⅳ．F279.246

中国版本图书馆CIP数据核字（2022）第235911号

责任编辑：周媛媛　　　　责任校对：牟　丹　　　　版式设计：文豪设计

出版发行：**武汉大学出版社**　　（430072　武昌　珞珈山）

（电子邮箱：cbs22@whu.edu.cn 网址：www.wdp.com.cn）

印刷：三河市京兰印务有限公司

开本：710×1000　1/16　　　印张：14.75　　字数：219千字

版次：2023年3月第1版　　2023年3月第1次印刷

ISBN 978-7-307-23487-1　　定价：78.00元

前　言

与股权融资相比，债务融资具有融资成本低、融资速度快等好处，并且可以最大限度地避免触及企业的所有权和控制权，是一种十分常见的企业融资手段。然而，自 2009 年以来我国实体经济杠杆率持续大幅提升，近年来频繁出现的企业债务违约现象更是引起了人们广泛的关注。为降低实体经济风险，国家自 2016 年起就将去杠杆作为经济工作的重点任务，但总体来说实体经济杠杆率和非金融企业部门的杠杆率依然居高不下，这一现象及其成因引起了诸多学者的关注。资本结构决策是公司财务决策的重要组成部分，大量文献已从企业内外部因素方面讨论了企业资本结构决策的影响因素。然而，一些研究发现同一个行业内的企业与不同行业的企业相比存在更为相似的资本结构，企业在做出资本结构决策时可能会出现羊群行为，等等，这些现象无法用传统的研究结论做出恰当解释。特别地，传统研究中将行业的影响视为外生因素，忽视了企业决策者是一个理性决策的主体。

近年来，学界开始从社会互动和社会学习的视角探讨同伴对企业财务决策的影响，发现大量企业的管理者会将同伴企业的财务决策作为自己决策时的重要参考。同伴企业，是指自身特征或行为表现会影响焦点企业（研究对象企业）的行为，且与焦点企业在某一层面（行业、区域、社会网络连接等）上归属于同一个群体的企业。这些新涌现的研究将包括行业层面在内的同伴企业的影响视为企业的内生变量，在研究方法上明显地区别于传统研究。总体来说，同伴效应在企业财务决策领域的应用属于相对较新的领域，研究的成果相对较为有限，在同伴群体的选择、同伴效应的作用路径，以及同伴效应的异质性等方面尚存在一些有争议或未解决的问题。

　　基于此，本书聚焦于将同伴效应运用于企业财务决策中资本结构决策影响因素的研究中。本书从社会互动和社会学习角度出发，选择我国沪深两市 A 股非金融上市公司作为分析对象，基于行业和区域两种不同的同伴群体定义方式，分别构建参照组内均值线性模型和空间计量模型验证了同伴效应在我国企业资本结构决策中的存在，分析了同伴效应的作用路径和影响行业同伴效应的调节因素，并在此基础上构建面板门槛回归模型（panel threshold regression，PTR），系统地探讨了行业同伴效应的异质性，即同伴效应在焦点企业特征、同伴企业行为和行业竞争性上的门槛特征。

　　通过对上述内容的研究，本书最终得到以下主要结论：

　　（1）我国上市企业的资本结构决策存在显著的行业和区域同伴效应，但行业同伴的影响更大。无论是以行业归属界定同伴，还是以区域分布界定同伴，统计结果均表明，同伴企业的资产负债率将显著正向影响焦点企业自身的资产负债率。此外，同伴企业的特征同样会显著影响焦点企业的资本结构决策，有些因素甚至超过了自身特征的影响。同时，区域同伴效应明显小于行业同伴效应，表明行业同伴所传递的信息对企业的价值更大，企业对行业同伴的行为比区域同伴更为敏感，上市企业间的同伴效应作用路径是基于行业竞争而进行的模仿和学习。企业对同伴行为的观察、模仿和学习是为了获取更多的信息，弥补自己能力或私有信息的不足，以便降低不确定性，更好地参与行业竞争。

　　（2）我国上市企业资本结构决策的行业同伴效应会受到企业产权性质、产业性质、交易市场的调节。从产权性质来看，国有企业之间的同伴效应明显大于非国有企业；从产业性质来看，第一产业企业之间的同伴效应大于第二产业和第三产业，但是第二产业和第三产业企业之间的同伴效应均为正值，第一产业企业的同伴效应为负值；从交易市场的差异性来看，创业板企业之间不存在显著的同伴效应，而主板企业的同伴效应大于中小企业板企业。

　　（3）我国上市企业资本结构决策中的行业同伴效应并非以线性形式存在，而是基于焦点企业特征、同伴行为和行业竞争性的变化而表现出不同的非线性形式，具有明显的异质性门槛特征。利用面板门槛回归模型，发现随着焦点企业特征、行业同伴行为和行业竞争态势的变化，行业同伴效应具有不同的门槛特征，表现为同伴效应的边际作用在上述因素发生变化时存在转折点（门槛），是一种非线性的形式。当焦点企业特征（规模、偿债能力、盈利能力和成长性）、行业同伴的资产负债率、行业竞争程度处于不同的区间范围内时，焦点企业对同伴行为的敏感性各不相同，焦点企业受到的来自行业同伴的影响存在显著差异。进一步研究证实，行业同伴效应的门槛特征同样会受到产权性质、行业归属、所属股票交易市场三方面因素的调节，在门槛值高低、同伴效应强度和方向性上表现出异质性。

本研究可能的创新与贡献有以下几方面：

首先，本书首次在研究同伴效应对企业资本结构决策影响时运用了空间计量模型，同时验证了行业同伴效应和区域同伴效应的存在性，并且证实了前者显著强于后者。现有的大量研究均沿用了 Manski 所提出的参照组内均值线性模型，但由于样本之间并非独立存在，样本的观测也缺乏独立性，普通最小二乘估计的结果是有偏的。同时，现有资本结构决策同伴效应方面的研究绝大多数是以行业归属来定义同伴群体，以其他方式定义同伴群体的研究相对较少。本书建立了针对非独立样本的空间计量模型，同时对我国上市企业中资本结构决策中的行业同伴效应和区域同伴效应进行了验证，并且证实了前者显著强于后者。因此，本书不仅尝试利用新思路和新方法验证了资本结构决策中同伴效应的存在并进行了比较分析，也丰富了当前企业资本结构决策影响因素的研究结论。

其次，本书探讨了资本结构决策中行业同伴效应的调节因素，有利于更深入地理解行业同伴效应的生成机制。现有研究虽已关注了一些对同伴效应存在影响的因素，但大多从企业特征的视角进行讨论，研究结论集中在企业的规模、成熟度、财务约束、业绩以及市场地位等微观角度的因素上，少量研究揭示了管理者能力等管理者层面因素的影响，从较为宏观的视角开展的探讨极少。本书分析了企业的产权性质、产业性质、所属股票交易市场对资本结构决策行业同伴效应强度和方向的调节作用，研究发现有助于更深入地理解行业同伴效应的生成机制，是对现有研究结论的补充。

最后，本书从不同的角度验证了资本结构决策中行业同伴效应异质性（门槛效应）的存在，并研究了不同情况下行业同伴效应非线性形式的差异。当前大多数研究所采用的参照组内均值线性模型隐含的假设对每个同伴产生的影响是相同的，同伴效应以线性形式存在，然而在现实中同伴对焦点企业的影响并非相同的，因而本书的研究突破了原有假设，是对现有研究结论的进一步扩展。本书利用空间计量方法，构建了面板门槛回归模型，发现随着焦点企业特征、行业同伴行为和行业竞争态势的变化，行业同伴效应具有不同的门槛特征，且该门槛特征同样会受到产权性质、产业性质、所属股票交易市场的调节。这一研究结论丰富了同伴效应的应用性研究，填补了现有研究的空白。该结论同时有利于提高企业管理者制定融资决策的科学性和实用性，为其制定其他各方面的财务决策提供参考，也为政府相关部门稳步推进"结构性去杠杆"及管控企业举债行为提供理论依据。

目 录
CONTENTS

第一章 绪 论

资本结构反映了企业的融资来源，资本结构决策是企业融资决策的结果。大量传统研究已从企业内外部因素方面讨论了企业资本结构决策的影响因素。近年来，学界开始从社会互动和社会学习的视角探讨同伴对企业财务决策的影响，在研究方法上明显区别于传统研究。在此基础上，本书聚焦于将同伴效应运用于企业资本结构决策影响因素的研究中，结合我国上市公司具体情境，探讨当同伴群体定义方式不同时我国企业资本结构决策中同伴效应的存在性、作用路径，以及影响行业同伴效应的调节因素，并尝试利用空间经济学模型探讨行业同伴效应的异质性。

第一节 研究背景与问题的提出

一、研究背景

自 2009 年以来，我国实体经济杠杆率持续大幅提升，从 2008 年年末的 141.1% 急速攀升至 2019 年 9 月的顶峰 251.1%，到 2019 年 12 月小幅回落至 245.4%，总体上升幅度达 104.3%。其中，非金融企业部门的杠杆率在 2019 年年末仍保持在 151.3%，约占总体杠杆的 61.7%[1]，我国债务型经济特征明显。并且，我国的杠杆率在各部门内部及不同部门之间均体现出明显的结构性特点。[2] 长期高负债运营给实体经济带来了巨大的风险。在经济发展过程中，一些行业盲目扩张造成企业债务不断增加，特别是煤炭、水泥、钢铁等前期举债过度的产能过剩行业更是如此。近年来，企业债务违约现象频繁出现。截至 2018 年 11 月，共有 87 只企业债券涉及违约，违约债券余额共计 871 亿元，超过 2016 年和 2017 年两年的总和。[3] Wind 数据进一步显示，2018 年内共有 15 家 A 股上市公司累计 40 只债券违约，涉及债券余额总计 284.96 亿元。而截至 2019 年 12 月 3 日，年内已累计发生 159 只债券违约，合计违约金额为 1257 亿元，其中的 53 只主体涉及 26 家上市公司，并且总体看来民营企业的违约风险更为集中。为降低实体经济风险，国家将"三去一降一补"（去产能、去库存、去杠杆、降成本、补短板）作为 2016 年经济工作的重点任务，在 2017 年开始实施平稳去杠杆的举措，2018 年又提出了"结构性去杠杆"的思路。这些举措虽然已经取得了一定的成效，但总体来说实体经济杠杆率和非金融企业部门的杠杆率依然居高不下。如何平稳有序地继续推进结构性去杠杆过程，减少高债务对企业部门和金融稳定带来的风险，依然是当前政府工作和企业经营关注的重要问题，这一问题的解决可以为未来中国经济的转型和健康发展打下坚实的基础。

　　资本结构反映了企业的融资来源，是企业融资决策的结果。它反映企业中债务和股权的比例关系，以及风险与收益的权衡，是分析企业财务状

---

[1]　数据来自中国社会科学院国家金融与发展实验室官方网站，http://www.nifd.cn。

[2]　中国人民大学中国宏观经济分析与预测课题组：《结构性去杠杆下的中国宏观经济》，《经济理论与经济管理》2018 年第 8 期。

[3]　张晓晶，等：《中国去杠杆进程报告——继续坚持结构性去杠杆》国家金融与发展实验室，2019，http://www.nifd.cn/ResearchComment/Details/1157，访问日期：2022 年 12 月 20 日。

况的重要指标之一，可以利用它来评估企业的偿债能力及再融资能力。从另一角度来说，资本结构也可以反映一个企业所有权的结构安排，即资本结构在很大程度上可以决定企业的收益权属，甚至企业实际管理权属和公司治理结构。因此，在企业经营管理实践中，资本结构决策是公司财务决策的重要部分，资本结构决策的影响因素也一直是现代公司金融的热点研究问题之一。

二、研究问题的提出

自从 Modigliani 和 Miller（1958）提出 MM 定理之后，不断有学者对 MM 定理的假设进行检查和修正，许多不同的资本结构理论由此出现并被广泛用于解释公司的资本结构选择。学者们普遍认为，企业在决定资本结构时会受到一系列因素的影响。静态权衡理论认为，目标资本结构可以帮助企业实现价值的最大化，降低融资成本，发挥财务杠杆的调节作用。而动态权衡理论在肯定目标资本结构存在的同时，认为目标资本结构本身及其影响因素始终处于动态变化之中，因此实际资本结构有可能偏离目标值；但这种偏离是暂时性的，企业会很快对其进行调整，直至其回到目标值水平（Bessler et al.，2011；Frydenberg，2011；胡建雄 等，2014）。尽管优序理论和市场择时理论均认为公司不存在目标资本结构（胡建雄 等，2014），但它们仍然认可资本结构是一系列因素的函数。综合学者们的观点可以发现，这些影响因素大致可以分为外部因素和内部因素两大类。其中，外部因素包括预期通胀率、经济发展形势、行业、制度与政策等；内部因素则包括大量公司的基本特征因素，如盈利率、债务保守性程度、公司规模、成长性、代理成本等，还包括企业所选择的战略、公司治理和管理者层面的其他因素。虽然一些实证研究对其中某些因素的影响方向尚存在争议（Rajan and Zingales，1995；Graham，1996；Graham and Harvey，2001；Fama and French，2002；Graham，2000；Leary and Roberts，2005；Almeida 和 Philippon，2007；Goyal，2007），但现有的绝大部分研究成果是基于权衡理论、优序理论和市场择时理论的视角。虽然这些成果已经在理论和实证方法上有了很大的突破，但是，这些研究均将所有涉及的影响因素视为外生变量，表现出一个隐含的假定前提，即企业的资本结构决策是独立做出的，不会受到其他企业的影响。

然而，社会学家和社会心理学家很早就发现同伴效应的存在。虽然还未有统一的定义出现，但同伴效应大致描述的是这样一种现象：人们在面对选择时，并非独自做出最优化决策，而是会受到周围同样地位人群的影响，从而使自身的行为和行为结果发生变化。它的同义词或近义词还包括同群效应、邻里效应、邻居效应等。这一看法得到了社会互动和社会学习理论的支持。在较早期，Conlisk（1980）已经提出了"做个花钱多的最优方案追求者，还是花钱少的模仿者"的问题。近年来，学者们已经开始从这一视角关注个体消费中的流行现象、股票市场上的羊群行为等，并对其进行了实证研究，得到了大量的研究成果，证实了同伴影响的重要性（Banerjee，1992；Bikhchandani et al.，1998；Dhaene et al.，2012）。企业是社会系统的组成部分，企业的决策也并不是孤立做出的，同样会受到来自社会系统中其他成员的影响。并且，企业在内部特征和外部特征上表现出的异质性，可能会产生同伴效应的异质性。同伴效应异质性揭示的是外在能够观察到的该效应的不同表现形式。学者们观察到，大量的CFO将同伴企业的财务决策作为自己企业财务决策的重要参考（Graham and Harvey，2001）。同时，一些研究也发现同一个行业内的企业与不同行业的企业相比，存在更为相似的资本结构（Schwartz and Aronson，1967；Bradley et al.，1984；陆正飞和辛宇，1998）。当前，已经有学者开始从这一角度探讨同伴对企业包括投资、股利分配、现金持有、高管薪酬等在内的财务决策的影响，这些研究从方法上较为明显地区别于传统研究中对行业因素的探讨。如 Hong 等（2005）、Ivkovic 等（2007）、Foucault 和 Fresard（2014）研究了同伴效应对企业投资决策的影响；Bizjak 等（2008）、Lewellen（2015）等研究了同伴效应对高管薪酬的影响；Leary 和 Roberts（2014）从学习动机的角度解释了同伴效应如何影响企业的杠杆率，得出是同伴的融资决策行为，而不是同伴企业特征发生了影响。这一结论可以看作对 Frank 和 Goyal（2009）所提出的观点"行业平均负债率是公司资本结构的一个重要决定因素"的一个深入解释。

与此同时，许多学者的研究业已证实，同伴效应具有异质性。例如，高财务约束的企业对同伴的投资决策更为依赖（Park et al.，2017）；对行业追随者、年轻或者融资约束高的企业来说，投资同伴效应更为明显（Chen 和 Ma，2017）；对同伴融资决策的模仿，单向发生在规模更小的企业对规模更大的企业行为的模仿上（Leary 和 Roberts，2014）；企业规模越大、治理越完善，越易被同行企业当作模仿的对象（万良勇 等，2016）等。这些研究进一步说明，同伴企业的财务决策行为会对焦点企业的相应决策行为产生重要影响，焦点企业在决策时会将同伴的行为作为重要参考信息纳入自身的决策函数。然而，由于焦点企业自身特征具有异质性，不同企业对同伴行为的响应程度也会存在差异，即由于企业特征的差异而使同伴效应表现出异质性。上市企业的同伴效应不仅在不同属性的企业之间存在异质性，企业本身的性质也是影响同伴效应的重要因素。

综上所述，同伴效应在企业资本结构决策领域的应用属于相对较新的领域，研究的成果相对较为有限，在同伴群体的选择、同伴效应的作用路径以及同伴效应的异质性等方面尚存在一些有争议或未解决的问题。基于此，本书拟探讨以下具体问题：

（1）由于中国情境的特殊性，中国上市公司在股权结构构成、资本市场发展成熟程度、投资者法律保护完善程度及治理机制的完善程度等方面具有一些与国外不同的特征。在国外企业中已被证实的同伴效应是否在中国的企业间依然存在？它的影响如何？行业关联往往被认为是最主要也最易被观察的同伴效应作用机制，但当同伴群体的划分方式做出改变时，资本结构决策中的同伴效应是否依然存在？由于中国政府力量的强势和中国人情社会的文化传统，地理区位因素是否也会影响资本结构决策中的同伴效应发挥作用？这种影响与行业空间同伴的影响相比较哪个更强？同伴效应的作用路径是怎样的？

（2）上市公司在产权性质、行业归属及所处股票交易市场类型等方面存在差异，这些差异是否会造成企业决策者进行资本结构决策时受到同伴企业的影响程度也存在差异？

（3）由于同伴效应是群体内部的效应，至少涉及焦点企业和同伴企业两方企业，因此同伴效应是一种相互的"作用力"，其作用力大小一方面会受到企业自身的影响，另一方面会受到同伴企业的影响。由于企业自身特征具有异质性，不同企业对同伴行为的响应程度也会存在差异，因此同伴效应表现出异质性。这样的异质性在考虑企业间财务决策的相互影响时同样存在，具体表现为随着焦点企业自身特征或同伴行为的变化，以及其他环境因素的变化而出现同伴效应边际作用的改变，即空间计量中的门槛特征。这意味着同伴效应的边际作用在上述因素（门槛变量）发生变化时可能存在转折点（门槛），当上述因素处于不同的区间（由门槛值和门槛的数量决定）时，焦点企业对同伴决策的敏感性各不相同，所受到来自同伴的影响存在显著差异。同时，门槛特征还能进一步揭示同伴效应的存在形式究竟是线性的还是非线性的。那么，当企业的基本特征（规模、偿债能力、盈利能力和成长性）不同、同伴企业资产负债率持续增加、企业所在行业的竞争性不同时，同伴效应表现为线性还是非线性形式？同伴效应的门槛特征是否会有所不同？这种差异是否也会受到企业产权性质、行业归属及所处股票交易市场类型的影响？

第二节　研究目标与意义

一、研究目标

本书旨在围绕"上市公司资本结构决策中的同伴效应"这一基本问题，以中国情境为研究背景，以中国上市公司为研究对象，从行为视角探讨同伴效应影响的内在机制，以实现以下3个总体目标：

（1）综合运用社会互动和社会学习视角下财务决策领域的相关研究最新成果，从同伴效应的影响方向和程度、同伴效应发挥作用的路径和调节因素、同伴效应的异质性特征等角度探索中国情境下影响上市公司资本结构决策的因素，有助于更深入地解释现有文献中关于行业对企业资本结构决策影响的结论。

（2）紧密结合中国情境下本土企业实践，在理论研究的基础上，通过实证分析，确定同伴效应发挥作用的路径和同伴效应的异质性特征，以帮助企业和有关部门在进行相关决策或监管及调整政策时进行理性思考，增强决策的针对性和实用性。

（3）通过对同伴效应本土化研究的前瞻性尝试，为企业财务决策研究的进一步深入提供新的思路。

二、研究意义

本研究的理论意义体现在以下两方面：

一方面，基于权衡理论、优序理论和市场择时理论对资本结构决策进行的研究，虽然关注到大量因素会对管理者的决策产生影响，包括企业外部因素（如市场因素、行业因素和政策因素等）、内部因素（如企业基本特征、经营战略、公司治理等）和管理者层面的其他因素（如过度自信、管理者异质性等），而且已经在理论上和实证方法上有了很大的突破。但是，这些研究均将所有涉及的影响因素视为企业的外生变量，并未关注企业资本结构决策过程中其他社会因素可能存在的内生影响过程。实际上，在一个社会系统中，企业并非孤立存在，而是会和其他同伴企业进行互动。财务决策的制定者是企业的高管，因此，同伴的影响最终会作用在高管个体身上。高管可能会参考同伴相似的决策行为所传递的有价值的信息，结合企业的实际经营状况和内外部环境，并出于某种自利的动机（如维护经理人自身声誉）对这些信息做出自己的判断和权衡，进而调整自己的行为。因此，本研究的理论意义之一体现在从社会互动和学习角度出发，探讨同伴群体的决策行为和企业特征对焦点企业资本结构决策的影响。

另一方面，当前涉及财务决策中同伴效应的研究，无论是以行业还是区域为依据划分同伴，均将其中的同伴关系视为一种"平面"中存在的关系。

学者们利用同伴的均值来刻画他们的行为特点，大多构建线性模型来估计同伴效应的方向和大小。但由于样本之间的非独立性，采用线性模型进行的普通最小二乘估计的结果是有偏的。与此同时，伴随着技术创新等理论的发展，空间溢出效应逐渐成为研究热点问题，但该领域中现有研究多针对技术创新的溢出在工业和宏观经济等领域的应用，针对上市企业的研究极少。空间是通过地理、经济、社会文化等不断交融的产物，空间中的一切事物往往都具有或多或少的联系（Batty，1997；Hubbard，2002），样本之间的非独立性也意味着个体之间往往存在关联网络，进而形成一个网络空间。因此，无论是行业还是地理区域，都可以被包括在广义的"空间"范畴中，行业或区域同伴企业的决策对焦点企业决策的影响实际体现的是企业间决策的空间相关性，即同伴效应在空间中也表现为一种"溢出效应"。当前，已有少数研究体现出类似的看法，如 Dougal 等（2015）认为焦点企业的投资决策受到邻近企业投资行为的影响是一种基于区域聚集经济的同伴效应，源自包括知识和技术溢出，以及羊群效应等在内的地区活力差异；陆蓉等（2017）也将企业负债率增加对行业内其他企业的影响称为"溢出效应"。然而，这些研究仍然使用了线性模型来对同伴效应进行估计。因此，本研究的理论意义还体现在，尝试利用新思路和新方法来验证资本结构决策中同伴效应的存在。本书建立针对非独立样本的空间计量模型对同伴效应的存在进行了进一步的验证，并通过空间面板门槛回归证实了同伴效应以非线性的形式而存在，丰富了当前企业资本结构决策影响因素的研究结论。

本研究的实践意义主要体现在以下三方面：

第一，对同伴效应内涵的分析，以及对在不同同伴群组界定方式之下的同伴效应影响的分析，能够为各类企业和经营管理者制定融资决策、提高财务决策质量提供更有针对性的对策建议。

第二，通过对同伴效应作用路径的研究，能够发现影响企业融资决策的关键因素，以此作为决策前的参考信息来源，有利于管理者更好地权衡风险与收益，增强融资决策的科学性和实用性。

第三，同伴效应异质性和门槛效应的研究结论，也能为企业制定包括财务决策在内的其他多方面决策提供参考的视角，对投资者制定投资决策与评估投资风险具有借鉴意义，也可以为政府的政策性引导和金融方面的监管措施制定提供借鉴。政府须留意企业资本结构决策的"溢出"作用和乘数效应，政府的各项调控政策除了对企业产生直接影响之外，还会由于同伴效应的存在而产生间接影响。因此，本书的相关研究也将为如何更平稳、更有序地继续推进去杠杆进程，以及有效防范和化解实体经济中系统的债务风险提供思路。

第三节　研究思路与内容安排

一、研究思路

本书的研究思路如下：

第一步，对相关文献进行综述并阐述研究的理论基础。对既往研究中有关资本结构选择影响因素、同伴效应和财务决策中同伴效应应用的文献进行整理与回顾，阐述本书的理论基础，了解现有研究的进展和可能存在的理论空白，为本书的研究设计奠定基础。

第二步，展开理论分析，提出相应的假设。在文献回顾的基础上，综合相关研究结论进行理论分析，并基于分析结论提出本书的研究假设。

第三步，进行研究设计。在对现有实证研究方法进行整理的基础上，根据研究目的进行各部分实证模型的设计，选择样本并对相关变量下定义及进行描述性统计分析。

第四步，进行实证分析，验证假设。基于前文设定的实证模型及选定的样本进行回归分析，对前文提出的假设逐一进行验证。本书将首先分析资本结构决策行业同伴效应和区域同伴效应的存在性，并对二者的相对重要性进行比较；鉴于行业同伴效应的影响更加显著，接下来将针对行业同伴效应进行研究,对行业同伴效应的调节因素和门槛特征进行实证分析。

第五步,总结全文。根据实证结果得出本书的主要研究结论,并在此基础上提出对企业决策和政府监管的启示,总结本书的不足之处,提出对未来研究方向的展望。

本书的研究思路和技术路线如图 1.1 所示。

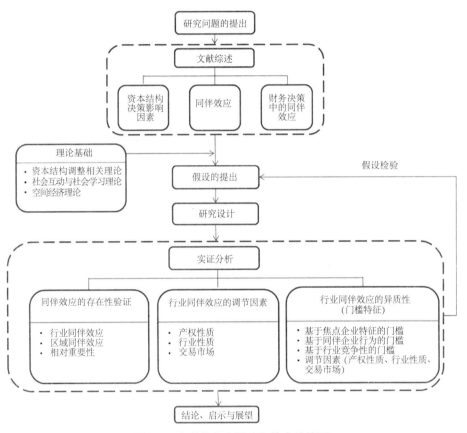

图 1.1　本书的研究思路和技术路线图

本书的研究建立在充分学习和吸收前人的研究成果的基础之上,同时需要考虑中国资本市场及制度情境下的一些特殊因素,对社会互动和社会学习理论进行继承和拓展。从实证分析的角度来看,本书拟选用的变量中有一些不能通过数据收集直接得到,需经过严密的数据处理和相关计算才能得到。这些都是研究过程中需要解决的关键问题。

二、本书内容章节安排

按照上述研究思路，本书包括以下六章内容：

第一章　绪论。本章简要介绍本研究的研究背景、研究目的、研究思路和可能的创新。基于当前政府推行的去杠杆政策和非金融企业部门负债率居高不下、系统性债务风险积聚、企业债务违约状况频发的现状，以及学者们对资本结构选择影响因素的研究现状，提出具体的研究问题，确定研究目标，从理论和实践方面归纳了研究意义，明确研究思路和框架。

第二章　文献综述与理论基础。首先，对资本结构调整相关理论和资本结构决策的影响因素进行了文献回顾与总结，发现国内外学者关注的影响因素基本可分为内部因素和外部因素两大类。但是，这些研究的隐含前提都是企业决策是独立做出的，不会受其他企业影响。因而，本书拟从社会互动和社会学习的视角来关注和解释企业的资本结构选择行为。其次，在本章中对社会互动和社会学习理论进行阐述，并从同伴效应的内涵、同伴群体的确定、同伴效应的作用机制三个视角对各领域同伴效应当前的研究进展进行综述。最后，对财务决策中的同伴效应研究文献从投资决策、融资决策和分配决策三个方面进行综述。通过本章内容，把握目前理论文献研究的现状和可以进一步深入研究的问题，为下一步的研究奠定基础。

第三章　理论分析与研究假设。本章在文献综述的基础上，进一步进行理论分析，探讨不同的同伴群体划分情况下，同伴行为对焦点企业资本结构决策产生的影响、作用路径和同伴效应的异质性及可能存在的调节因素，并针对研究的具体问题提出一系列的研究假设。

第四章　研究设计。本章对本书的样本选择和数据来源进行介绍，对研究中需要用到的变量进行定义和解释，并提出为各研究问题所设计的实证模型。

第五章　企业资本结构决策同伴效应的实证分析。本章对数据进行实证分析，逐一验证第三章中提出的假设。首先，探讨行业和区域同伴效应的存在性及不同同伴群体影响的相对重要性；其次，分析产权性质、产业性质和交易市场三方面因素对行业同伴效应的调节作用；最后，依次讨论行业同伴效应在焦点企业特征、同伴行为和行业竞争态势方面所表现出的异质性（门槛特征）及调节因素。

第六章　主要结论、启示与展望。本章总结全文的主要研究结论，提出对企业管理和政府政策制定的相关启示，并指出本书存在的不足之处以及未来研究的可能方向。

第四节　可能的创新与贡献

本书可能的创新与贡献有以下几方面：

首先，本书首次在研究同伴效应对企业资本结构决策产生影响时运用了空间计量模型，同时验证了行业同伴效应和区域同伴效应的存在性，并且证实了前者显著强于后者。现有的大量研究均沿用了 Manski（1993）所提出的参照组内均值线性模型，但由于样本之间并非独立存在的，样本的观测也缺乏独立性，普通最小二乘估计的结果是有偏的。现有研究多致力于寻找有效的工具变量来解决这一模型中存在的内生性问题。然而，当前学者使用的工具变量较为有限，且并非完美地符合工具变量选择的要求。同时，现有研究，特别是资本结构决策同伴效应方面的研究绝大多数是以行业归属来定义同伴群体，以其他方式定义同伴群体的研究相对较少。本书建立了针对非独立样本的空间计量模型，同时对我国上市企业中资本结构决策中的行业同伴效应和区域同伴效应进行了验证，并且证实了前者显著强于后者。因此，本书不仅尝试利用新思路和新方法来验证资本结构决策中同伴效应的存在并进行了比较分析，也丰富了当前企业资本结构决策影响因素的研究结论。

其次，本书探讨了资本结构决策中行业同伴效应的调节因素，有利于更深入地理解行业同伴效应的生成机制。现有研究虽已关注了一些对同伴效应存在影响的因素，但大多从企业特征的视角进行讨论，研究结论集中在企业的规模、成熟度、财务约束、业绩以及市场地位等微观角度的因素上，少量研究揭示了管理者能力等管理者层面因素的影响，从较为宏观的视角开展的探讨极少。本书分析了企业的产权性质、产业性质、所属股票交易市场对资本结构决策行业同伴效应强度和方向的调节作用，研究发现有助于更深入地理解行业同伴效应的生成机制，是对现有研究结论的补充。

最后，本书从不同的角度验证了资本结构决策中行业同伴效应异质性（门槛效应）的存在，并研究了不同情况下行业同伴效应非线性形式的差异。当前大多数研究所采用的参照组内均值线性模型隐含的假设对每个同伴产生的影响是相同的，同伴效应是以线性形式存在的。然而在现实中，同伴对焦点企业的影响并不是相同的，因而本书的研究突破了原有假设，是对现有研究结论的进一步扩展。本书利用空间计量方法，构建了面板门槛回归模型，发现随着焦点企业特征、行业同伴行为和行业竞争态势的变化，行业同伴效应会具有不同的门槛特征，且该门槛特征同样会受到产权性质、行业归属、所属股票交易市场的调节。这一研究结论丰富了同伴效应的应用性研究，填补了现有研究的空白。该结论同时有利于提高企业管理者制定融资决策的科学性，为其制订其他各方面决策提供了参考，也为政府相关部门稳步推进"结构性去杠杆"及管控企业举债行为提供了理论依据。

第二章　文献综述与理论基础

对文献的系统回顾可以更清晰地了解与本书所关注问题相关的领域中当前的研究进展和研究成果。本章根据综述的内容分为三个部分：第一部分对企业资本结构调整的相关理论及影响资本结构决策内外部因素的相关文献进行梳理；第二部分总结了社会互动理论和社会学习理论，以及有关同伴效应的内涵、参照群体的选择、同伴效应作用机制的研究成果；第三部分对同伴效应在财务决策领域中的应用性研究结论等进行全面的梳理和评述，以便更深入地把握当前研究取得的成果，为后续进一步研究的开展提供理论上的支持。

第一节　企业资本结构决策

在学者们进行的大量实证研究结论中，我发现了众多可能对资本结构的确定和调整带来影响的因素，但这些因素对资本结构影响的方向和结果可能存在差异。本部分将对资本结构调整理论和一些备受关注的影响因素及其相关实证研究结论做出整理。

一、资本结构调整的相关理论

资本结构反映了企业的融资来源。企业的主要融资来源分为两大类，即负债和所有者权益。Modigliani 和 Miller（1958）提出的 MM 定理在资本结构研究中具有里程碑式的意义。他们认为，在一个完美的、不存在摩擦的资本市场中，企业资本结构并不会影响资本成本，公司价值与资本结构无关，因此，不存在最优或目标资本结构，因为企业选择怎样的资本结构都是无关紧要的。然而，由于他们的结论是建立在不现实的完美市场经济理论之上的（Stiglitz，1985），因此无法用来解释许多现实中出现的现象。其后，不断有学者对 MM 定理的假设进行检查和修正。学者们倾向于认为，现实的资本市场并非完美状态，而企业不同的融资方式也会造成股权者和债权者在利益划分时的冲突，进而直接或间接影响企业的价值。许多不同的资本结构理论由此出现，并已被广泛用于解释公司的资本结构选择。MM 定理之后的研究文献主要是针对影响公司融资决策和资本结构形成的一些现实因素，由于强调不同的因素或者对这些因素相对重要性认识的不同和解释，后来的资本结构理论分为了几个较大的分支。然而，Myers（2001）在研究中指出，现有的理论都不是普遍适用的，只能在一定的条件下解释公司的资本结构。当前，大量对企业资本结构调整的研究是基于权衡理论、优序理论和市场择时理论出现的。

（一）静态权衡理论与动态权衡理论

Kraus 和 Litzenberger（1973）提出，目标资本结构可以帮助企业实现价值的最大化，而企业价值由债务的市场价值和股票的市场价值构成，企业的资本结构反映了其债务的税收收益和预期的破产成本之间的一种权衡（Bessler et al.，2011）。因此，可以通过将资本结构调至目标值来提高公司价值（Loof，2004）。这一观点成为静态权衡理论的核心观点。

而动态权衡理论在肯定目标资本结构存在的同时，认为目标资本结构本身及其影响因素始终处于动态的变化之中，并不是一个固定值。Homaifar 等（1994）指出，在动态调整的过程中，破产成本与负债的税收收益之间的平衡可以确定企业最优的资本结构。实际资本结构有可能偏离目标值。但这种偏离是暂时性的，企业会很快对其进行调整，直至其回到目标值水平（Bessler et al., 2011；Frydenberg，2011；胡建雄和茅宁，2014）。

在权衡理论基础之上，Homaifar 等（1994）的研究发现，从长期看，公司的税率和杠杆率正相关；而从短期看，同时期的杠杆率和税率之间并不存在显著的相关关系。其他多名学者，如 Rajan 和 Zingales (1995)、Graham (1996，2000)、 Graham 和 Harvey(2001)、Fama 和 French (2002)、Leary 和 Roberts(2005)、Almeida 和 Philippon (2007)、Frank 和 Goyal(2009) 等通过不同角度的实证分析，证实了税率、盈利率、债务保守性程度、目标债务持有率、成长性、代理成本等因素与企业杠杆率之间的关系。

（二）优序理论

在过去的 20 年间，权衡理论和优序理论得到了极大的拓展，许多学者利用这些理论试图解释公司的行为（Miglo，2010）。优序理论考虑到了信息不对称的影响并假设交易成本的存在，但是它并不支持目标资本结构的存在(胡建雄和茅宁, 2014)。其基本观点是企业一般会按照内部融资、债务和股份的顺序优先进行融资 (Myers and Majluf, 1984)。

在此基础上，Ghosh 等（2012）指出，观察到的杠杆比率是公司信息不对称、盈利性和投资机遇的累积效应。Antweiler 和 Frank (2006) 的实证研究发现，市场对企业的股票发行更为敏感，而对债务发行的敏感度较低。Miglo（2017）概括了企业债务和盈利之间的关系，指出盈利状况较好的企业会尽可能地使用内部融资的方式，盈利状况较差的企业则因没有足够的盈余而时常需要进行外部融资，而债务融资是其中很常用的一种方式。Frank 和 Goyal（2003）发现公司规模与企业资本结构有关，原因是较大的公司由于受到较多的股市分析人员的关注，所以发生逆向选择问题的可能性最小。

（三）市场择时理论

市场择时理论同样不支持目标资本结构的存在。市场择时理论认为，企业的股票发行决策取决于其市场业绩（Lucas and McDonald，1990）。Graham 和 Harvey（2001）、Baker 和 Wurgler（2002）等人的实证结果支持了股价对股票发行决策的重要影响。Schultz（2003）和 Butler 等（2005）指出，发行时机不应由好的当前市场业绩或预测的未来市场业绩决定，而应由发行之前的市场业绩决定。Ghosh（2012）指出，在市场择时理论观点中，当前的债务比率依赖于历史上的融资决策，而这些融资决策是受股票市场主导的。

同时，市场择时理论将投资者的非理性行为带来的错误定价纳入了讨论范畴（胡建雄和茅宁，2014），如学者 Baker 和 Wurgler（2002）发现投资者在新的股票发行期中常有过分乐观的倾向。实证证据表明，管理者会等到市场条件变得更好、股市有较高的回报率或者企业至少在书面上进行了业绩"粉饰"之后选择发行股票（Miglo，2017）。Chirinko 和 Schaller（2001）、Panageas（2005）及 Gilchrist 等（2005）分别使用相关代理变量证实了投资者非理性与企业投资行为的股权融资渠道之间的关系，即投资者情绪高涨，更有利于发行新股并有可能降低融资成本。在此之前，Loughran 和 Ritter（1995）分别通过实证研究了股市回报和信息不对称程度对企业股票发行和企业测定市场时机的动机（incentives to time the market）产生的影响。

综上所述，目前主流的理论观点均将企业资本结构看作一系列相关因素的函数。企业在确定和调整资本结构时会受到这些因素的影响。

二、资本结构决策的外部影响因素

现有研究中，资本结构决策的外部影响因素分析较为有限，主要包括来自市场、行业和政策的影响。

（一）市场因素对资本结构的影响

在市场因素方面，当前较多的关注体现在经济形势和预期通货膨胀率等因素上。一方面，学者对前者的实证呈现出较为一致的研究结论。例如，Baker 和 Wurgler(2000) 在实证研究中得到了股票发行和商业周期之间的正向相关关系，认为当经济形势不佳时企业倾向于较少发行股票，经济形势快速发展时企业会大量发行股票。这与 Frank 和 Goyal（2009）的观点是一致的，即经济形势越差，公司的负债率越高。苏东蔚等（2009）结合我国资本市场所做的分析也得到了与国外学者一致的结论，当宏观经济上行时，公司的资产负债率下降，而宏观经济衰退时，公司的资产负债率则上升。

另一方面，对预期通胀率的研究结论表明这一因素对企业资本结构具有稳健的正向影响。早期的学者已从理论上解释了为何通货膨胀会导致更多的负债，如 Corcoran(1977)、DeAngelo 和 Masulis（1980）等，他们认为通货膨胀会降低负债的真实成本，在通货膨胀期间对公司债券的需求上升。较新的实证结论也证实了预期通胀率越高，利率越低，企业的负债率就越高（Frank and Goyal，2003；Frank and Goyal，2009）。Graham 和 Harvey（2001）在调查中发现，有 1/3 的美国制造公司财务总监在做财务决策时考虑了利息率和通胀率等宏观经济因素。

（二）行业因素对资本结构的影响

由于市场竞争绝大多数情况下发生在同行业的企业之间，相对于其他外部因素，行业因素对企业的资本结构产生的影响更加直接。在考虑行业类型的影响时，学者们较早的研究已经注意到了同一个行业内的企业与不同行业的企业相比存在更为相似的资本结构（Schwartz and Aronson，1967；Myers，1984；Bradley et al.，1984；陆正飞和辛宇，1998）。然而，这一结论并没有获得所有人的认可，Ferri 和 Jones（1979）就得出了行业和负债结构之间只存在微弱的关系，洪锡熙和沈艺峰（2000）得到相似的结论。也就是说，行业类型对资本结构的影响没有得到一致的结论（Frank and Goyal，2009）。姜付秀和刘志彪（2005）考虑到了企业所在行业的增长率特征并对其进行了分类，得出在成熟产业中，企业的资本结构与产品市场竞争呈显著的正相关关系，而在衰退产业和成长性产业中，企业的资本结构与企业对竞争对手行为的敏感度指标呈负相关关系。

在很多文献中，行业的平均负债率被视为一个重要的影响因素，在实证研究中，常用行业的均值或中值作为公司目标资本结构的替代变量，行业均值或中值越高，企业负债率也就越高（Frank and Goyal，2003，2009）。

（三）政策因素对资本结构的影响

货币政策是国家进行宏观调控时的常用手段，对企业资本结构及其调整具有显著的影响，是当前研究成果较为集中的领域。近年来学者们的研究结论表明，货币政策的调整会对企业的融资环境、外部融资约束、融资成本和融资效率等造成影响，继而影响企业的资本结构。货币政策调整与总融资规模之间存在显著的正向关系，当货币政策较为宽松时，企业会相应地提高杠杆水平，紧缩的货币政策则会促使企业降低财务杠杆水平（马文超和胡思玥，2012；闫先东和朱迪星，2018；姜永宏 等，2019）。并且，将货币政策进一步细分时发现，宽松的货币政策，无论是价格型政策还是数量型政策，均会加快企业资本结构调整的速度，反之，紧缩的货币政策会减缓调整速度（袁春生和郭晋汝，2018）。同时，货币政策对企业资本结构及其调整的影响还受企业融资约束程度、企业规模、企业所属产业性质、企业所有权性质、不同货币政策手段和工具，以及企业成长性高低等因素的调节（闫红波和王国林，2008；Leary，2009；雒敏和聂文忠，2012；马文超和胡思玥，2012；饶品贵和姜国华，2013；伍中信 等，2013；宋献中 等，2014；郭路 等，2015；杨兴全和尹兴强，2017）。

于传荣和方军雄（2018）系统地研究了经济政策的不确定性对企业融资行为的影响。由于我国经济正处于转型期，市场经济制度相比发达国家还不够完善，我国宏观经济的运行表现为更频繁的政府干预和更大的波动性，经济政策的不确定性对企业微观行为的影响也更明显。通过对我国上市公司的研究发现，经济政策的不确定性越高，公司的债务融资和股权融资水平越低，且股权融资减少的幅度更大；在经济政策不确定性上升时，企业短期债务融资降低的程度、非国企的债务性融资减少、股权集中度较低企业的股权融资减少均变得更为显著（于传荣和方军雄，2018）。

政府的政策调整和我国特有的制度环境也会对企业的资本结构决策产生影响。例如，在我国税收制度的不断改革过程中，考虑到负债的税盾效应，很多学者关注了税收和资本结构之间的关系。王跃堂等（2010）结合我国制度背景实证分析了企业所得税改革后我国企业资本结构的变化特征，发现所得税改革后，税率降低（提高）的企业明显地降低（提高）了企业的债务水平，证实了债务税盾在我国的存在，并得出产权性质会影响债务税盾与资本结构的关系。进一步的研究表明，与资产投资、工资等有关的非债务税盾与资本结构之间存在"替代效应"，更接近"税收耗损状态"的公司会更为显著地降低债务水平，且对长期债务的影响更明显（王亮亮和王跃堂，2016；姚宇韬和王跃堂，2019）。除正式的制度和政策的影响之外，非正式的"政治关联"现象也受到越来越多的关注。强烈的政治干预及以国有银行为主导的金融体制，使我国资本市场上的资金配置带有明显的政治色彩，并存在体制性的主从次序问题（Song et al.，2011）。相较于不具有政治关联的企业，建立了某种政治关联的企业可以通过这种关联尝试获取各种有形资源和无形资源，包括金融资本和政策导向等，更容易争取到优惠的贷款利率和更长的债务期限等（赵宇恒 等，2016）。刘星等（2015）以我国民营企业为研究对象，对政治关联如何影响民营企业的资本结构和其动态调整进行了实证分析，结论表明政治关联可以缓解民营企业的融资约束，对民营企业的债务融资有显著的正向影响。同时，这种影响受到地区金融发展程度和货币政策波动的调节。

三、资本结构决策的内部影响因素：企业层面

公司基本特征对资本结构的影响是最初被学者们进行大量讨论的视角。被学者们纳入讨论的公司特征因素有很多，Chaplinsky 和 Niehaus（1993）的研究揭示了非债务税盾对杠杆率的正向影响，与此同时，成长机会和公司规模则具有不显著的负向影响，企业的自由现金流对杠杆率具有显著的负向影响。但是，由于不同学者的研究有着不同的理论依据，因

此实证结论中内部因素的影响方向时常不一致（胡建雄和茅宁，2014）。例如，Harris 和 Raviv（1991）在总结了相关实证研究后得出，杠杆会随着固定资产、非债务税盾、成长机会和公司规模的增加而增加，随着波动性、广告费用、研发费用、盈利性和产品独特性的增加而减少。Aivazian 等（2005）得出的结论表明平均税率、盈利性和成长机会对企业债务持有具有负向影响，资产的有形性则有正向影响，商业风险的影响则无法确定。肖作平和吴世农（2002）得到与 Aivazian 较为接近的答案，但他们的验证结果中商业风险有正向影响，非债务税盾和公司规模分别有负向和正向的影响。企业信用评级状况是管理层在决定资本结构时十分关心的因素之一，企业的信用评级水平决定了其债务融资的成本和债务资本供给水平（吴育辉 等，2019）。但是，学者们对信用评级和资本结构之间关系的研究结论并不一致。部分学者认为，企业评级水平与负债率成反比（Leary and Roberts, 2005；Bougheas et al., 2006；Frank and Goyal, 2009；吴育辉 等，2019），且当企业评级预期向正面发展或评级真正下降时，为迎合评价或恢复原有评级水平，企业也会相应地表现出降低负债的举动（Kisgen，2009；吴育辉 等，2019）。林晚发和刘颖斐（2019）得出类似的结论，企业信用评级下调时，管理层会被动地降低企业杠杆，原因是信用评级的下调增大了企业的外部融资约束。另一些学者认为，评级水平高的企业希望获得更高的评级，评级水平低的企业则希望避免进一步评级下降，因此两种类型的企业都会减少负债（Kisgen，2006）。还有学者认为高信用评级由于可以降低企业的融资成本，反而会促进负债率的上升（Tang，2009）。

企业不同的产权性质对其资本结构选择的影响也有明显差异。国有企业由于拥有更多的可抵押固定资产和政府的担保，再加上国有银行肩负有"政策性责任"，常常可以获得更便捷的债务融资渠道，我国国有企业在 1998—2013 年的平均负债率始终高于私营企业（钟宁桦 等，2016）。相比民营企业，国有企业可以以较低的利率从银行获得借款，其融资成本较低（申广军 等，2020）。Li 等（2009）发现，国有产权与企业的杠杆及长期债务倾向有正向的相关性；Wang 等（2019）的研究得出，国家控股的中国企业倾向于在宏观环境衰退的时候增加短期负债。产权性质不仅直接影响了资本结构，还能对诸多其他影响因素与资本结构之间的关系产生调节作用。例如，国有企业中股权集中度与资本结构呈显著的 U 形关系，但在非国有企业中二者则为负相关关系（黄国良 等，2010）；高管的股权激励对资本结构调整速度的影响在非国有企业中更加显著（盛明泉 等，2016）；国有企业的实际资本结构偏离最佳水平更远，且调整速度较非国有企业更慢（李荣锦和雷婷婷，2019）；非国有企业和过度负债的企业在进行资本结构调整时对股票市场的变化更敏感（聂文忠 等，2017）；经济政策的不确定性会使企业的债务融资减少，并且在非国有性质的企业中债务融资减少得更加明显（于传荣和方军雄，2018）；非国有企业中工资税盾使接近税收耗损状态的企业较之国有企业更为显著地降低了负债水平（王亮亮和王跃堂，2016）；高管的背景特征对企业融资方式和杠杆等具有显著影响，国企中若 CEO 为男性、任期越短、年龄越大，则越少采用债务融资，非国有企业中 CEO 的年龄、受教育程度与企业的杠杆呈反向相关关系（刘钊，2014）。

企业选择的经营战略由于其预定目标、所占有的资源、实现方式等不同而有所不同，也会影响其资本结构及其调整方式。但是，到目前为止，企业战略对资本结构的影响研究得到的是各种不同的结论，而且大多数文献集中于每次仅对一种战略视角进行探讨。从公司层面的战略来看，Harrison 等（2004）、Javorcik 等（2009）集中探讨了一体化战略，Singh 等（2003）、Jouida（2018）等讨论了多元化战略，Williamson（1988）、Singh 等（2003）、Singh 和 Nejadmalayeri（2004）等分析了国际化战略的影响。在一些学者进行的综合视角研究结论中也出现了不一致的结论，例如，Chkir 和 Cosset（2001）的研究支持国际化和产品多元化都会使企业杠杆率增加，但 Cappa 等（2019）通过对意大利上市公司的研究发现，三种公司层战略既各自独立，又共同对资本结构产生影响，一体化和国际化战略与企业负债率负相关，多元化战略则与负债率呈现正相关关系。在所有成果中，多元化战略对企业资本结构影响的研究相对较多，学者们基本认可多元化战略与企业的资本结构相互伴生，多元化及其模式可以直接导致企业的资本结构发生变化，或者通过改变企业的融资方式来改变企业的资本结构（洪道麟 等，2007）。企业可以通过实施多元化战略来更好地利用内部资本市场进行融资，从而减轻企业与外部资本提供者之间的信息不对称情况（Weston，1970；Hadlock et al.，2001），或利用各业务部门之间的共同保险为企业提高负债能力的（Lewellen，1971）。同时，多元化战略与企业所控制的资源的特征密切相关，这些资源的特征又会在企业选用融资方式（债务或权益融资）时对其产生影响（Kochhar and Hitt，1998）。例如，早在1988年Williamson便指出，企业资产的专用性越强，越易选用相关多元化战略，同时越倾向于采用股权融资的方式获得资金。

此外，还有一些学者关注了公司治理因素对资本结构的影响，如管理者持股比例、高管薪酬激励和管理决断权等。如Short（2002）等，以非金融上市公司为研究样本，实证检验了资本结构和股权结构之间的关系，结果发现管理者持股比例与负债比率正相关，外部大股东持股比例与负债比率负相关，外部大股东的存在对管理者持股和负债比例之间的关系有负向的调节作用。Brailsford等（2002）则得到近乎相反的结论，他们强调了外部大股东的监督效应，认为管理者持股比例与杠杆之间的关系成倒U形，外部大股东持股比例与杠杆正相关，并且这种相关关系会随着管理者持股水平的不同而变化。高管激励对企业的资本结构决策同样有较为显著的影响。高管作为企业的实际经营管理者，最终决定企业的资本结构和调整方式，并将其付诸实施（盛明泉等，2016；刘思和吴迪，2019）。从代理成本的角度来看，合理的高管激励有助于降低委托代理问题而导致的企业代理成本，缓解代理冲突，从而间接地影响企业的资本结构。根据修正后的MM定理，为提高企业价值，高管有动机提高杠杆，用债务融资的方式来更好地发挥税盾效应。但是基于管理层防御，为避免由于负债提高而随之增大的企业破产风险，以及后续可能给自身带来的离职风险和成本，高管又会倾向于降低企业负债率。故而基于不同的假设和学说，学者们对高管薪酬与资本结构之间关系的研究结论并不一致。从近年的研究结论上来看，黄继承等（2016）分别验证了在静态和动态资本结构模型中二者之间的关系，发现在静态模型中不考虑公司固定效应时，高管薪酬与企业资本结构显著负相关，将公司固定效应纳入考虑后，二者之间关系的显著性消失；在动态模型中，高管薪酬与资本结构显著正相关。赵宇恒等（2016）、罗雪婷（2019）均得出高管薪酬激励与企业的资本结构之间的关系并不是大多数研究分析的线性关系，而是非线性的。其中，罗雪婷（2019）通过对我国制造业上市公司数据的实证分析发现，高管薪酬激励与企业资本结构之间呈现出一种U形关系，其拐点为14.34%，其中股权激励与资本结构呈现出递减的非线性关系；而赵宇恒等（2016）则认为现金激励与资本结构的关系为倒 U 形，股权激励与资本结构反过来呈 U 形关系。除此之外，高管薪酬激励还影响了企业资本结构的动态调整。高管薪酬与资本结构调整的速度正相关（刘思和吴迪，2019；谢辰 等，2019），而与实际资本结构和目标资本结构的偏离程度负相关（刘思和吴迪，2019）；当企业资本结构低于目标水平时，高管货币薪酬的增加会使企业主动上调资本结构的速度也相应提升（黄继承 等，2016）。对高管实施股权激励会使资本结构调整的速度加快，更接近目标资本结构（盛明泉 等，2016；谢辰 等，2019；张东旭 等，2019），并且当资本结构下调时，股权激励的这种促进作用更大（盛明泉 等，2016）。管理决断权是管理者在战略管理过程中所具备的自主选择权，它体现了管理者的战略选择能力，不仅影响了管理者进行战略选择的过程和结果，也是管理者能力与企业绩效之间关系的重要影响因素（胡建雄和茅宁，2014）。王丽南和金昕（2018）对我国上市公司进行的研究发现，管理者权力越大，企业债务融资的比重会越大，但当市场对企业价值存在高估时，管理者权力越大，债务融资比重下降的幅度越大。侯丽等（2018）利用固定效应模型研究发现，在我国上市公司中，高管权力与资本结构调整的速度呈负相关关系，但这种关系仅存在于实际资本结构低于目标资本结构水平之时，且稳定性机构投资者持股会弱化这种负相关关系。

四、资本结构决策的内部影响因素：管理者层面

在上述已讨论的研究视角中，无论是公司基本面特征，还是企业战略选择、公司治理，它们对资本结构的影响都是基于管理者是理性且同质的。然而，随着行为学研究逐渐扩展到公司财务与金融领域，传统公司财务学所依据的理性人假设开始受到挑战，有限理性、非理性和管理者的异质性特征对企业决策的影响开始备受重视。作为人类个体中普遍存在的一种现象，在诸多非理性的特征中，过度自信在当前尤其受学者们的关注。在对过度自信进行定义时，大多数学者指出，过度自信的个体会有高估自身能力的倾向，在对客观实际进行判断和决策时会产生向上的认知偏差，并且过度自信程度会受到个性特征和外部刺激因素的共同影响（Hill et al.,

2012；张明 等，2019），主要表现为过高估计、过度精确和过高定位（张明 等，2019）。管理者身上的过度自信现象往往更为明显（Larwood and Whittaker，1977；Camerer and Lovallo，1999；Russo and Schoemaker，1999；余明桂 等，2006；代文，2015），他们选择的融资偏好往往偏离企业的最优资本结构（Hackbarth，2008；代文，2015）。大部分学者发现，管理者越是过度自信，企业越易偏向债务融资，选择较高的负债比率（Heaton，2002；Malmendier et al.，2005；Oliver，2005；余明桂 等，2006；Hackbarth，2008；江伟和黎文靖，2009；江伟，2011；魏哲海，2018），特别是短期的债务融资（余明桂 等，2006；Hackbarth，2008；Malmendier et al.，2011；代文，2015）。

1984 年，Hambrick 和 Mason 提出了著名的高阶理论，进一步强调了管理者异质性对公司决策的影响。管理者在对客观实际进行认知和价值判断时，依靠的是自身的经验和个人背景，因此，管理者的背景特征对组织战略选择和运行绩效存在影响。国内外学者从年龄、性别、学历、信仰、教育背景、任职时间长短、早期生活经历、任职经历等多方面探讨了管理者异质性对企业决策的影响，得到了十分丰富的研究成果，反映在资本结构决策视角上的包括：CEO 个人消费时的负债偏好与他所管理的企业的杠杆偏好有显著的正相关关系（Cronqvist et al.，2012）；有财务任职经历的 CEO 会显著提高公司的负债水平、加快资本结构调整的速度、降低资本结构偏离目标程度（姜付秀和黄继承，2013）；高管的背景特征（包括年龄、性别、任期、受教育程度、任职背景、是否兼任等）对企业融资方式和杠杆等具有显著影响，且这种影响的程度受到企业产权性质的调节（苏明，2013；刘钊，2014）；风险规避偏好的 CEO 倾向于选择比股东期望的最优水平更低的债务水平，并会在企业债务超过最优水平时迅速将其调低（Brisker and Wang，2017）；防御程度越高的管理者越倾向于低负债（黄国良 等，2010）；管理者个人特征会影响其过度自信的程度，过度自信程度越强，越易选择较高的负债比率（江伟，2011），但是，女性高管能够降低过度自信管理者进行债务融资时的激进程度，使其变得更为理性（张艾莲 等，2019）。

表 2.1 是资本结构决策影响因素文献综述主要内容的总结。

表 2.1 资本结构决策的内部与外部影响因素文献综述总结

	因素	研究结论	研究者
外部因素	市场：经济形势、通货膨胀	经济形势越差，公司负债率越高	Baker 和 Wurgler (2000)；Frank 和 Goyal (2009)；苏东蔚等 (2009)
		通货膨胀会导致更多的负债	Corcoran (1977)；DeAngelo 和 Masulis (1980)；Graham 和 Harvey (2001)；Frank 和 Goyal (2003)；Frank 和 Goyal (2009)
	行业	同一行业内的企业资本结构更为相似	Schwartz 和 Aronson (1967)；Bradley 等 (1984)；Myers (1984)；陆正飞和辛宇 (1998)
		行业和负债结构间只存在微弱的关系	Ferri 和 Jones (1979)；洪锡熙和沈艺峰 (2000)
		行业增长率不同时，企业资本结构与产品市场竞争的关系不同	姜付秀和刘志彪 (2005)
	政策：货币政策、经济政策的不确定性、政府的政策调整和我国特有的制度环境、非正式的政治关联	货币政策宽松时，企业会提高杠杆水平	马文超和胡思玥 (2012)；闫先东和朱迪星 (2018)；姜永宏等 (2019)
		货币政策会影响企业资本结构调整的速度	袁春生和郭晋汝 (2018)
		货币政策对企业资本结构及其调整的影响还受到其他因素的调节	闫红波和王国林 (2008)；Leary (2009)；雒敏和聂文忠 (2012)；马文超和胡思玥 (2012)；饶品贵和姜国华 (2013)；伍中信等 (2013)；宋献中等 (2014)；郭路等 (2015)；杨兴全和尹兴强 (2017)
		经济政策的不确定性越高，公司的债务融资和股权融资水平越低，且股权融资减少的幅度更大	于传荣和方军雄 (2018)
		税率降低的企业明显地降低了企业的债务水平；非债务税盾与资本结构之间存在"替代效应"，更接近"税收耗损状态"的公司会更为显著地降低债务水平	王跃堂等 (2010)；王亮亮和王跃堂 (2016)；姚宇韬和王跃堂 (2019)
		建立了某种政治关联的企业更容易争取到优惠的贷款利率和更长的债务期限	Song 等 (2011)；刘星等 (2015)；赵宇恒等 (2016)

	因素	研究结论	研究者
内部因素	企业层面：公司基本特征、信用评级、战略选择、公司治理、管理决断权	非债务税盾、成长性、规模、盈利性、产权性质等，未得到一致结论	Harris 和 Raviv (1991)；Chaplinsky 和 Niehaus (1993)；肖作平和吴世农 (2002)；Aivazian 等 (2005)
		企业的信用评级水平决定了其债务融资的成本和债务资本供给水平，但信用评级和资本结构间关系研究结论不一致	Leary 和 Roberts (2005)；Bougheas 等 (2006)；Kisgen (2006)；Frank 和 Goyal (2009)；Tang (2009)；林晚发和刘颖斐 (2019)；吴育辉等 (2019)
		多元化战略与负债率呈现正相关关系，一体化和国际化战略与企业负债率负相关	Chkir 和 Cosset (2001)；Cappa 等 (2019)
		管理者持股比例与负债比率正相关，外部大股东持股比例与负债比率负相关	Short (2002)
		管理者持股比例与杠杆之间的关系成倒 U 形，外部大股东持股比例与杠杆正相关	Brailsford 等 (2002)
		高管薪酬与资本结构之间关系的研究结论不一致	黄继承等 (2016)；盛明泉等 (2016)；赵宇恒等 (2016)；刘思和吴迪 (2019)；罗雪婷 (2019)；谢辰等 (2019)；张东旭等 (2019)
		管理决断权越大，企业债务融资的比重会越大；高管权力与资本结构调整的速度呈负向相关关系	侯丽等 (2018)；王丽南和金昕 (2018)
	管理者层面：过度自信、管理者异质性	管理者越是过度自信，企业越易偏向债务融资，选择较高的负债比率	Heaton (2002)；Malmendier 等 (2005)；Oliver (2005)；余明桂等 (2006)；Hackbarth (2008)；江伟和黎文靖 (2009)；江伟 (2011)；Malmendier 等 (2011)；代文 (2015)；魏哲海 (2018)
		CEO 个人负债偏好、财务任职经历、背景特征、风险规避偏好、管理者防御程度等均对企业资本结构有显著影响	黄国良等 (2010)；江伟 (2011)；Cronqvist 等 (2012)；姜付秀和黄继承 (2013)；苏明 (2013)；刘钊 (2014)；Brisker 和 Wang (2017)；张艾莲等 (2019)

综合上述内容可以发现，基于权衡理论、优序理论和择时理论，学者们对企业资本结构决策和调整过程中的影响因素已经有了多方面的研究，但相当一部分影响因素对资本结构影响的方向和结果并未取得一致性的结论。行业因素也是该领域中学者们探讨的重要影响因素之一。但是，这些传统研究绝大多数均将其作为外生变量加以讨论，并没有关注行业为何会对其中的企业产生影响，对这种内在机制的探索成果还十分有限。

第二节 同伴效应

一、社会互动理论与社会学习理论

社会互动理论源自心理学，研究一定社会关系背景下人与人、人与群体、群体与群体等在心理、行为上相互影响、相互作用的动态过程。它的主要形式有交换、合作、冲突、竞争和强制。美国学者海曼在社会互动论框架之下提出了参照群体论，即间接互动的观点，认为参照群体的价值和规范可以成为塑造自我价值观和行为准则的依据。

经济学文献中对社会互动的关注更多地集中在内生互动方面（Manski，2000）。李涛（2006b）指出，社会互动是个体投资选择受到其参考群体成员的行为或特征影响的外部性，内生互动对个体投资选择的影响反映在获得信息、交流感受、社会规范三个方面。社会互动的积极作用主要是通过个体遵循参考群体成员的投资选择所体现的社会规范来实现的。此外，内生互动带来的感受交流和信息获得分别推动了个体当前对保险金和未来期望对债券的投资，而情景互动降低了个体未来参与股市的期望。李涛（2006a）还发现，社会互动和信任都推动了居民参与股市。股市低迷造成的普遍性股票投资损失会降低社会互动的积极作用，而社会互动对低学历居民参与股市的正面影响更为明显。

社会学习理论由班杜拉在 1952 年提出。他认为以往的研究忽视了社会变量对人类行为的影响，强调观察学习和自我调节在引发人的行为中的作用，重视人的行为和周围环境的相互作用，讨论个人的认知、行为与环境因素三者及其交互作用对人行为的影响。这一理论也已被管理学界和经济学界的学者广泛使用，如洪雁和王端旭（2011）在研究伦理型领导的作用机制时指出，领导者对下属产生伦理影响是通过榜样产生作用的，而领导者营造的公正的工作环境使伦理榜样的效应被再次放大。李涛（2006b）、Leary 和 Roberts（2014）的研究均体现出，个体投资者或企业决策者观察同伴的行为，可以从中获得有价值的信息，进而调整自己的行为。因此，社会互动理论和社会学习理论为分析企业间决策相互影响的内在机制提供了理论依据，是进行同伴效应研究的基础。

二、同伴效应的内涵

社会学家和社会心理学家很早就发现同伴效应的存在。早期研究已经表明，个体的行为会受到他所在的群体内其他个体的影响，这一现象被称为"同伴效应"（Hyman，1942）。心理学、教育学和社会学是较早开始关注同伴效应的领域，并且已经有了相当丰硕的结论。如 Asch（1951）研究了个体对群体规范的服从现象，Burnkrant 和 Cousineau（1975）则对服从行为背后的"信息"与"规范"两种原因进行了区分，Festinger（1954）得出个体会为了降低自己对事物认识的不确定性而学习他人。其后，在社会心理学、教育学、营销学等多个领域都对同伴的影响进行了各种应用性研究。对同伴效应的系统研究始于 1966 年的科尔曼报告。该报告通过实证分析发现学校投入并非影响学生成绩的主要因素，最主要的因素是学生的家庭背景，其次是同伴的作用（Coleman et al., 1966）。这一研究结论对管理部门相关政策的制定有很大的启示意义。后续，在教育学和社会学等领域涌现出大量有关同伴效应的应用性研究成果，例如，在考虑到成绩、种族、家庭背景差别等因素时，如何利用同伴效应的作用来分配班级或宿舍以及选择专业（Sacerdote，2001；Ding and Lehrer，2007；Sacerdote，2011），避免青少年酗酒、吸毒等现象的发生（Duncan et al.，2005），以及应对青少年肥胖等健康问题（Romani，2014），等等。

　　总体来看，在这些研究中学者对同伴效应并没有一个统一的定义，但综合来看，它是指这样一种现象：人们在面对选择时，并非独自做出最优化决策，而是会受到周围同样地位人群的影响，从而使自身的行为和行为结果发生变化。它的同义词或近义词还包括同群效应、邻里效应、邻居效应等。通过对稍早前文献中提到的同伴效应及其同义词或近义词的解释，本研究总结出几个不同的侧重角度，如表 2.2 所示。这些文献虽然大多研究教育经济学和社会学问题，但学者们对该效应的认识和理解依然对其他领域中同伴效应的应用有极高的借鉴价值。不同学者对该效应的详细解释虽然略有差别、各有侧重，但是系统地看起来，它们都体现了这样一些共同的关键词：社会交往、信息、模仿、学习与自我改变（罗力群，2007）。

表 2.2　早期文献对同伴效应理解的不同侧重点

强调角度	文献
外部性	Coleman 等（1966）；陶一桃（2007）
相互影响	叶松庆（2006）；Alesina 和 Ferrara（2002）；杨娟（2012）；门垚和何勤英（2013）
群体顺从／从众	Festinger（1954）
他人或群体对个体的影响	Durlauf（2004）；陆铭和蒋仕卿（2007）；罗力群（2007）；汪汇等（2009）；潘昆峰和李扬（2010）；丁维莉和章元（2009）
文化	王进和陈晓思（2013）

　　近年来，由于学科的发展和边缘化，同伴效应也被引入一些经济问题的分析中，作为对传统解释的补充。如李涛等（2006）在对居民参与股市行为进行研究时特意指出，为了避免"邻里"的地理含义产生混淆，邻里效应也被称为社会互动效应。

在行为金融学的研究中，首先受到重视的同伴效应是金融市场中投资者模仿并跟从他人决策的羊群行为或羊群效应。羊群行为表现为在群体中发生的行为传播现象。羊群行为可分为"真"和"伪"两种，综合当前学者们的讨论可以发现，大多集中于对"真"羊群行为的研究。"真"羊群行为意味着投资者决策的改变主要源自对他人行为的模仿。如方军雄（2012）指出，羊群行为实质上是一种从众行为，是指在不确定信息环境下，参与者忽略私有信息而跟随大众行动进行决策（Banerjee，1992）。而"伪"羊群行为则指投资者决策的改变是由于大家都观察到了资产价值的变化情况，不约而同地做出了投资决策的主动调整。然而，随着研究的进展，羊群效应和同伴效应的区别被进一步明晰化。虽然二者都涉及行为人参考他人的举动来进行决策，但羊群效应更强调盲目性地跟从造成的群体行为趋同，是基于经济人非理性假设的前提，而同伴效应则是行为人参考他人行为或特征后，经过自身的理性分析后做出决策，是基于经济人理性假设的前提（陆蓉 等，2017）。

Manski（1993）在解释为何同一个群体中的个体会表现出相似的行为时，将同伴对个体的影响分为三种效应，分别称为内生效应、外生（情境）效应和相关效应，并指出内生效应才是真正的同伴效应，它表示个体的行为之所以表现得相似是因为受到了同伴组群行为的影响，即个体或企业所制定的决策是对同伴行为的内生反应。外生效应和相关效应并非真正意义上的同伴效应，因为它们分别意味着个体行为表现相似是由于整体组群具有同样的外部特征，以及个体之间在某些特质上相似或面对同样的环境。同伴的行为可以通过改变决策者的偏好、期望，或限制决策者的行为集合来影响其决策行为（Manski，1995）。Manski 的研究揭示了同伴效应的本质是个体间决策的内生互动过程，这与之前的研究中将同伴的影响看作外生变量有本质区别（张天宇和钟田丽，2018），为后续学者对同伴效应的进一步研究奠定了基础。

当前，国内外学者的大多数研究依据 Manski（1993）提出的参照组内均值线性模型展开，它隐含的假设是每个同伴产生的影响是相同的。同伴效应的异质性也引起了当前学者们的关注，企业在内部特征和外部特征上表现出的异质性，可能产生同伴效应的异质性。而同伴效应异质性揭示的是外在能够观察到的该效应的不同表现形式。

三、同伴群体的确定

同伴效应的发生必然在一个群体当中。由于研究领域的不同，学者们对"同伴"的理解及进行研究时同伴的选择范围都各有不同。目前暂未有同伴的标准化定义，多数为学者们依照自己的研究需要自行定义。Festinger（1954）强调，同伴必须是"与自己属性类似的"群体，而Zimmerman（2003）则强调，"这里的其他人必须是同群者，他们与个人处于相同或相似的地位，所有人处在一种平等的关系里"。Festinger（1954）认为人们在评价自身行为时，如果缺乏现成的客观标准，一般倾向于选择与自己属性类似的群体进行比较。同一群体成员之间相互交往会影响彼此的决策，信息不完全的情况下从众心理使得群体内部成员更倾向于选择趋近群体内大部分人的选择。因此，在个体层面上常见的同伴群体常被定义为处于相同或相似的地位、关系平等、共同进行某种决策行为的人群，如同学、同事、室友、邻居、时尚追求者、股民、彩民等。曹妍（2013）分析了内地移民学生对香港本地学生学业成就的影响，发现内地移民同伴对香港本地学生的成绩有明显的促进作用；Saze和Duflo（2002，2003）研究了大学中的员工在参与退休计划投资时社会互动和信息的影响，发现员工们是否参与TDA计划，以及选择哪些基金公司均会受到同系其他员工决策的影响。李涛（2006a）分析了社会互动与信任对居民股市参与行为的影响，认为社会互动程度越高、对他人的信任程度越高的居民，参与投资股市的概率就越高，并用居民春节期间拜年的亲朋好友的总人数等来衡量社会互动程度。杨娟（2012）从同伴效应影响的视角分析了我国基础教育阶段的班级规模问题，认为学生能够从课堂上得到的收获取决于班上其他同学的表现，由于学生年龄不同造成的自制力差别，以及他们在班级内"捣乱"行为发生的概率不同，学生年龄越小或越容易发生捣乱行为时班级规模也应该越小。Goodrich 和 Mangleburg（2010）基于社会影响理论，利用美国东南部公立高中调查数据，分析父母和同伴在青少年产品购买行为中产生的影响，结果表明家庭环境和同伴都会对其购买行为产生显著影响，且不同社会背景产生的影响不同。Fletcher（2012）对青少年啤酒消费行为的研究表明，青少年喝酒的可能性随着喝酒伙伴比例的提高而提高。Moretti（2011）利用 ACNielsen-EDI 公司 1998—2000 年发行的电影票房数据，以及消费者评价数据研究电影消费中的社会影响，回归分析发现社会学习是影响消费者电影票房的重要因素，且消费者的社会网络越广，社会影响越大。

然而，有学者通过进一步研究发现，当同伴的界定方式发生变化时，同伴效应的衡量结果也会有所不同，因此他们结合自己的研究领域发展了新的同伴群体定义方式。如 Wellman 在 1988 年给出了关于社会网络的定义，认为社会网络是由某些个体之间的社会关系构成的相对稳定的系统。它的三大核心理论包括强弱连接、社会资本和结构洞。基于这一定义，Halliday 和 Kwak（2010）在研究同伴对学生成绩，吸烟、喝酒等行为的影响时，对比了常用的以年级定义同伴和学生自己报告真实同伴的方式，并发现选择的同伴群体不同时，同伴效应的衡量结果会有很大不同。潘昆峰和李扬（2010）建立模型分析了教育均衡政策的实施效果，他们将同伴界定为同一所学校中处于不同分数段的学生，认为这些学生会各自形成群体，并在群体内相互影响。杨钋和朱琼（2013）也指出，在教育经济学的研究中通常使用同校（班）同学成绩的均值或方差作为同伴效应的代理变量，但这一做法仅能考察同伴的质量或能力对学生成绩的影响，同伴关系的性质和结构并未被纳入分析，因此进行同伴效应研究的一个新的方向是识别对学生学业有影响的真实的同伴，并对同伴关系的性质和层级结构进行进一步区分。他们拓展了同伴关系的定义，从同伴关系的内在结构视角探讨了同伴效应的异质性，发现同伴群体规模、同伴关系评价和个体在同伴群体中位置的不同都会对分析结果产生影响。

四、同伴效应的作用机制

欧美学者已总结出同伴效应的一些不同的作用机制。如 Sampson（2002）提出，同伴的影响主要通过社会互动、集体效能与社会规范、公共服务的机构与资源，以及日常活动的类型与特点对其中的个体产生影响；Galster（2011）则将同伴效应的作用机制归纳为社会互动、地理区位、环境和制度四种类型。这些研究在针对贫民窟复兴、促进社会阶层融合、混合居住政策效果评估、新技术或制度的扩散使用等方面发挥了重要作用。

在后来的理论研究中，学者们广泛认为社会影响发生作用的两大渠道分别是社会学习和社会效用（Bursztyn et al.，2014）。前者是指个体将同伴的表现作为自身决策有价值的参考和信息来源，对同伴的行为选择进行学习和模仿，以减少信息获取成本或提高决策效率。从社会效用渠道的角度来看，同伴效应之所以能够发生是由于同伴的行为可以改变其他个体对该行为决策所产生效用大小的判断，如随大流、法不责众、决策者的声誉维护等。我国学者李涛等（2006）在研究邻里效应对个体博彩参与决策的影响时提出，这种影响的发生有两组渠道：情景效应和内生效应。前者可称为示范群体效应，后者可称为伙伴群体效应。更进一步地，作者提出其中内生效应对博彩参与的影响可以表现在以下三方面：①学习、从参考群体处获得信息；②受到社会规范或关于社会规范的信念的影响，与大多数人保持一致；③有和其他成员交流感受的机会，享受交流的愉悦。但是他们并未能够区分开以上三组内生互动渠道对博彩参与的影响（李涛，2006a，2006b）。

Manski（2000）则将同伴效应的产生机制归结为三类，分别为偏好的改变、期望的改变和行为集合的改变。具体来说，偏好的改变是指同伴的行为决策可以直接改变决策者对自身行为集合中的行为的偏好，包括改变行为的排序和各种行为的效用估计。如管理者宁愿和大家一起犯错，也不愿独立决策而被人察觉到自己真实的能力水平（张天宇和钟田丽，2018），如此便可维护自己的声誉。决策者通过学习同伴的行为可以改变自己的认知，这是期望改变机制的作用本质。决策者在进行决策时，对不同的行动可能带来的结果会产生不同的预期，通过观察和学习同伴的行为得到的信息，可以帮助决策者对行为的期望进行更好的判断，从而影响他的决策，这种机制概括了前文 Bursztyn 社会学习机制的含义。同伴行为还会改变决策者面对的决策选择集合，从而影响其决策行为。如由于资源的有限性，在同伴和焦点企业之间存在资源的竞争性，当同伴"取走"的多了，留给自己的就少了。

从当前来看，社会学习机制或期望改变机制是目前学者们认为最重要、成果最集中的同伴效应作用机制，其次是社会效用机制或偏好互动机制，行为集合改变机制则研究者较少。

综合上述内容可知，当前学者们对同伴效应的研究更多地集中于探讨群体中个体之间决策的相互影响，如同学、居民、个体投资者等，以企业为对象的研究与之相比还较为有限。但是，学者们在教育学和社会学领域提出的关于同伴效应的异质性特征，如同伴群体规模、同伴关系评价和同伴群体位置等，以及同伴效应的作用机制对企业同伴效应的研究同样有启发意义。同时，当前尚缺乏分析同伴选择问题的权威模型，选择不同的同伴来分析其影响可能得到相差较大的结果。这为进一步探讨企业层面的同伴效应带来了新的思路。

第三节　企业财务决策中的同伴效应

近年来，随着行为金融学与公司财务研究的发展，越来越多的财务学研究者开始注意到社会学家和社会心理学家提出的"同伴效应"这一概念。在较早期，Conlisk（1980）已经提出了"做个花钱多的最优方案追求者还是花钱少的模仿者"的问题。学者们观察到，大量的 CFO 将同伴企业的财务决策作为自己企业财务决策的重要参考（Graham and Harvey，2001）。当前，已经有学者开始从这一角度探讨同伴对企业包括投资、股利分配、现金持有、高管薪酬等在内的财务决策的影响。为了便于和同伴企业区分，相关研究把企业自身称为"焦点企业"或者"焦点公司"。

在财务决策领域的研究中，由于研究对象或研究方法等的差别，不同的学者在进行研究时对同伴效应的内涵界定略有差别，有些学者将同伴特征对企业的影响也纳入了同伴效应的探讨中。如钟田丽和张天宇（2017）在分析同伴效应对企业财务决策的影响时提出，同伴效应是指关系较近的个体之间相互作用时，某一个体的行为受到包含该个体的参照组内其他成员行为或特征的影响。陆蓉等（2017）则将同伴效应界定为，行业内任一企业在进行资本结构决策时，同行企业的基本面特征、同行企业的股票价格和同行企业的资本结构都会对该企业有影响，这三种影响有任意一个成立，都确认同伴效应的存在。

在企业层面上，结合前文对同伴效应内涵的分析，本书认为，如果某企业个体的行为会受到其他企业行为表现或特征的影响，而且其他企业与该企业是某一层面上的同群者，那么就存在同伴效应。

一、财务决策中的同伴分类及产生机制

（一）财务决策中的参照同伴群体

在财务决策领域中，学者们研究时常常选择的同伴就是行业内的其他企业。由于现有研究一般将行业视为外生参照组，且行业分类标准已较为完善，故将行业作为同伴组群是目前较为普遍且成熟的做法。Park 等（2017）、Chen 和 Ma（2017）等发现同伴企业的投资决策会受到行业中其他企业投资决策的影响。在企业并购决策中也存在行业同伴效应，同伴企业并购绩效越好，行业中的同伴效应表现越明显（万良勇 等，2016）。Leary 和 Roberts（2014）发现，在决定企业资本结构和进行其他财务决策时，行业中其他企业的决策扮演了十分重要的角色。Adhikari 和 Agrawal（2018）发现，企业的股利分配和股票回购行为显著地受到行业

同伴相应决策的影响，Laschever（2013）、Lewellen（2015）得出结论指出，焦点企业会使用所在行业其他同伴企业的情况作为参考来决定 CEO 的薪酬。在企业研发支出上也存在行业同伴效应（刘静和王克敏，2018）。一些负面行为也具有行业同伴效应，如王磊等（2018）从行业竞争度、行业景气度和企业是否处于成长期三方面行业特征出发，考察了 2000—2015 年沪深 A 股上市公司是否存在投资决策上的同伴效应，结果发现行业领导者若通过财务报告舞弊虚构利润向外界传递行业虚假繁荣的错误信号，会导致同伴公司为争取更多的市场份额而扩大投资规模，而同伴公司对这种信号的反应程度受上述三方面行业特征的影响。

然而，一些原本属于不同行业的企业，其产品的社会功能由于技术的发展而变得类同，相互之间也出现了竞争。因此，简单地以行业归属来定义企业的同伴群体存在局限性。于是，有学者在进一步研究时开始发展新的参照群体。

Dougal 等（2015）、石桂峰（2015）等则将企业的地区分布作为划分同伴群体的依据，研究同一地区不同行业企业之间在投资决策上的相似性，同样验证了同伴效应的存在并总结了它的影响因素。Gao 等（2011）发现美国企业中总部地理位置在同一个都市圈的企业在进行资本结构决策时，会受到当地文化和企业经营者社会互动的影响。李志生 等（2018）发现我国企业的过度负债存在显著的地区同伴效应，企业所在省区的过度负债企业占比越大、过度负债指数越高，焦点企业过度负债的程度也越大。苏诚（2017）研究了我国企业并购行为中的地区同伴效应。陆蓉和常维（2018）则发现我国上市公司违规行为存在"近墨者黑"的地区同伴效应，同一地区中上市公司违规行为的发生会增大该地区其他上市公司发生违规行为的概率。赵颖（2016）同时考虑了企业的区域分布和行业的异质性，在此基础上分析了我国高管薪酬的同伴效应，发现位于同一区域内的同行和不同行企业对高管薪酬的影响显著高于不同区域中同行企业的影响。易志高等（2019）从行业同伴和地区同伴两方面探讨了公司高管减持行为的同伴效应，发现不论如何定义同伴群体，高管减持行为均受到同伴企业高管减持的显著正向影响，且高管减持同伴效应受到环境不确定、企业在行业或地区市场中的地位、高管所处的职位层级等因素的影响。

另一些研究将同伴群体界定为是基于一定的社会关系而构成的社会网络连接而形成的群体。社会网络理论是较新的社会学研究范式，直到 20 世纪 90 年代才开始被广泛应用于企业研究领域。网络的行动者既可以是个人，也可以是集合单位，如企业组织。由于这种社会网络（如关联董事网络、校友网络、亲友网络、邻居网络等）有助于个体和企业之间的信息传递，因此会对管理者的认知和决策产生影响，使他们的决策行为趋向一致（陆蓉和常维，2018；张天宇和钟田丽，2018）。Mizruchi（2002）发现社会网络因素对美国大型企业中债务融资行为的相似性存在影响，这些因素包括两家企业之间具有董事联动、他们的董事或首席执行官中有相近的参加金融机构的人数、首席执行官有金融或会计业职业背景等。Frasassi（2014）分析发现，管理者在做财务决策时会受到他们的社会同伴的影响，两个公司之间的社会联系越多，其资本投资行为就越相似，这种社会联系是指企业高管和董事现在和过去的雇佣、教育及其他行为形成的社会关联矩阵。Wong 等（2015）发现关联董事能够使相关企业的高管薪酬决策更为接近，陈运森和郑登津（2017）发现连锁董事能够使两个联结企业的投资决策趋同，冯戈坚和王建琼（2019）验证了我国上市公司在进行创新活动时存在董事联结形成的社会网络同伴效应。黄国良和刘梦（2019）则直接选择了经理人相同的公司为样本，研究资本结构决策中的经理人行为惯性问题，发现经理人相同的先任公司和后任公司的资本结构显著正相关。

少数研究是基于其他的同伴群体界定开展，如 Foucault 和 Fresard（2014）在研究同伴企业股价对企业投资决策影响时，提出了以产品的相似性作为同伴群体的划分依据，认为这样能更精确地从产品市场的角度考察企业真正的竞争者（Hoberg and Phillips，2016），即企业真正的同伴。刘柏和卢家锐（2019）在对同伴群体进行确定时引入了具有中国乡土特色的"差序格局",考察了我国上市公司中非金融、地产行业的企业盈余管理的同伴效应及影响机制。他们既考虑了行业因素,又特别用焦点企业与行业内同伴地缘关系的亲疏远近来衡量不同人际关系格局之下同伴效应的作用。

(二)财务决策中同伴效应的作用机制研究

从当前来看,社会学习机制是财务决策领域研究中学者们认为最重要的同伴效应作用机制之一。陆蓉和常维(2018)结合 Bayesian 的社会学习模型,进一步将其分为交流式学习和观察式学习两种方式。Bursztyn 等(2014)采用实验法对投资决策中同伴对个体投资者的影响进行了分析,发现在实验条件下,当第一个投资者更具有投资经验(或第二个投资者更缺乏投资经验)时,同伴效应通过社会学习渠道产生的影响最大。投资者会在学习同伴的决策偏好之后改变自己的决策,表现出"keep up with the Joneses"(美国文化中的"跟上琼斯"意指跟邻居保持一致、向邻居看齐)的动机。Leary 和 Roberts(2014)选用 1965—2008 年间的数据,集中从社会学习动机的角度分析了同伴对美国上市公司资本结构决策的影响。管理者不能确定如何才能实现最优的资本结构。在投入难以衡量并且缺乏真实模型的情况下,管理者将同伴的决策和它们的特征作为自己决策时的信息来源进行参考。例如,在一家企业的同伴提高杠杆率时,它的杠杆率也会提高,但如果没有同伴效应则不会如此。企业在决定自己的资本结构时会考虑到同伴的成长机会或财务健康情况。经过进一步分析,作者在同伴行为和同伴特征之间确定了同伴效应的作用途径,得出在企业资本结构决策时同伴效应更多地是对同伴行为的一种模仿,而同伴特征的影响仅占一小部分。张天宇和钟田丽(2019)将学习行为界定为观察式学习,他们利用包含同伴信息的个体决策观察学习模型,加入经理人能力、环境的不确定性、高管团队的信息交流程度和同伴企业传递信息的质量四个因素,进一步证实了同伴效应是由社会学习机制导致的。而 Leary 和 Roberts(2014)、陆蓉等(2017)、李志生等(2018)的研究均发现企业之间的这种学习和模仿行为具有方向性，集中发生在规模更小、更欠成功、有更多财务约束，或连锁董事网络中心度更低的企业身上。对比而言，行业领导者则不易在做财务决策时受那些不如他们成功的同伴的影响。

管理者声誉机制是财务决策中另一种备受重视的同伴效应作用机制，这一机制源于代理问题的存在。由于企业与管理者之间存在信息不对称，企业作为劳动力的需求方，会通过观察管理者的相对业绩来推测其类型并给付相应的薪酬或职位的提升。管理者会通过保持较高的经理人声誉来增加自己未来的人力资本价值（Fama，1980），管理者声誉是来自经理人市场对管理者能力的评价（Koh，2011）。管理者，尤其是自身能力较低的管理者，倾向于放弃根据自己所掌握的信息进行决策，转而去模仿同行业其他企业管理者的决策行为，使得企业的业绩和同行业其他企业保持在同样的水平，以便降低其个人声誉受损的风险，及避免潜在的薪酬受损（Scharfstein and Stein，1990；Zwiebel，1995；陆蓉 等，2017；张天宇和钟田丽，2019）。

二、财务决策中同伴效应的应用

一般来说，财务决策按其内容可分为投资决策、融资决策和分配决策（Ross et al.，2010）。

（一）投资决策与同伴效应

已有不少学者研究了同伴效应对企业投资决策的影响。

Foucault 和 Fresard（2014）指出，焦点企业的投资决策与其同伴企业的股市估值有关。在大量公司样本的情况下，焦点企业投资与同伴企业在售相关产品的市场估值正相关。焦点企业的管理者会将同伴企业的股价作为决策时的信息来源，二者之间的这种联系在焦点企业股票知情交易水平较低时显得更强。同时，在同伴企业股票知情交易水平较高，或焦点企业产品的市场需求与同伴企业的产品联系更紧密时，焦点企业投资与其自身股价之间的联系会减弱。Foucault 和 Fresard 进一步发现，对于私有企业来说，投资决策更多地依赖同伴企业的股价，而在上市之后这种依赖性就大大减弱。

Park 等（2017）以特异股票收益为工具变量进行了实证研究，发现同伴企业的投资决策会受到同伴组群中其他企业投资决策的影响，高财务约束的企业对同伴的投资决策更为依赖，焦点企业对同伴企业投资决策的敏感性同行业竞争程度呈 U 形关系，中等竞争强度的市场上同伴效应最低。

Chen 和 Ma（2017）的研究表明，我国上市公司的投资决策具有同伴效应，对于行业追随者、年轻或者融资约束高的企业来说，同伴效应更为明显。在企业并购决策中也存在行业同伴效应。为了获取决策所需信息和应对行业竞争，企业会选择对与自身基础特征更接近的同行业企业进行模仿，因此，同伴企业并购绩效越好，行业中的同伴效应表现越明显，与焦点企业有同样产权属性的企业之间同伴效应更明显，并且企业规模越大、治理越完善，越易被同行企业当作模仿的对象（万良勇 等，2016）。傅超等（2015）从创业板高溢价并购现象出发，发现组织间的模仿促使并购商誉存在行业同伴效应，外部环境越不确定，单个企业的模仿动机越强，行业内的同伴效应表现得越明显，且单向发生在向行业领先的同伴企业进行模仿上。此外，在企业研发支出上也存在同伴效应（刘静和王克敏，2018）。Gao 等（2011）、Dougal 等（2015）、石桂峰（2015）等则将企业的地区分布作为划分同伴群体的依据，发现同一地区不同行业企业之间在投资决策上具有相似性。

（二）融资决策与同伴效应

在融资决策方面，现有的研究结论相对较少。从现有文献来看，学者们均认可资本结构决策过程中同伴效应的存在，并且同伴效应对资本结构决策的影响程度会受到其他一些因素的调节。

He（2011）在研究管理者薪酬和资本结构时发现，过高持有债务与代理问题之间的相互影响导致规模较小的企业相对于它们规模较大的同伴企业而言，愿意保持较低的杠杆。Leary 和 Roberts（2014）的研究是近年来出现在国际高水平期刊上的首篇较有影响力的文章。他们发现，在决定企业资本结构和进行其他财务决策时同伴企业的决策扮演了十分重要的角色。在很大程度上，焦点企业的财务决策受同伴企业财务决策的影响，但是也小幅受同伴企业特征的影响。这些同伴企业对资本结构决策的影响甚至比大部分已经确定的影响因素都更重要。而且，规模更小的、更欠成功的企业会对那些更大型的、更成功的同伴们的表现更敏感。他们设定的模型和选择的工具变量成为后续许多研究的参照对象。Duong 等（2015）同样选择股票收益的波动值为工具变量进行实证分析，发现同伴企业所持有的债务期限结构会影响焦点企业的债务结构选择。具体来说，同伴企业的短期（中期、长期）债务变化一个标准差，会使焦点企业在相应的债务中做出 50%（37%、23%）的调整，但是这种模仿行为仅在同样规模的企业组群中显著，不同规模的企业组群之间并不显著。

钟田丽和张天宇（2017）、陆蓉等（2017）几乎同时开展了对我国上市公司资本结构决策中同伴效应的影响研究，利用我国深沪两市 A 股非金融上市公司的面板数据，同样借鉴了上述 Leary 等人的研究方法并对其进行了拓展，首次检验并证实了我国上市公司的资本结构也受到同伴企业决策的显著影响。钟田丽和张天宇（2017）进一步发现在我国上市公司中，长期负债的同伴效应较强，而短期负债的同伴效应则不显著。同时，在同伴企业提高或降低负债水平、负债水平调整的幅度不同时，焦点企业的负债水平并不一定都会和同伴们做同样的调整，这一结论说明同伴企业的决策只是焦点企业做出负债决策的重要参照信息，而并非简单地将之作为模仿对象。另外，作者还证明了资本结构决策同伴效应具有"乘数效应"的属性。陆蓉等（2017）揭示了我国上市公司资本结构决策同伴效应的产生来自管理者声誉和管理者信息学习两种机制。管理者越看重自身声誉，同伴效应越明显，行业跟随者会模仿和学习行业领导者的决策，表现出单向的同伴效应影响，在具有竞争激烈、不确定性强、增速快等特征的行业中，资本结构决策中的同伴效应更加明显。巩鑫和唐文琳（2020）也得到了一致的结论。张天宇和钟田丽（2019）在上述研究的基础上进一步深入探索了我国上市公司资本结构决策中同伴效应的发生机制，对 2001—2014 年的 A 股沪深两市非金融上市公司面板数据进行了分析，发现当焦点企业经理人能力较弱、外部环境不确定性较强、同伴信息质量较高和焦点企业高管团队信息交流程度高时，同伴效应较强，证实学习行为是我国上市公司资本结构决策中同伴效应的主要发生原因。除了常见的行业同伴效应之外，少量研究涉及了地区同伴效应，我国企业的过度负债存在显著的地区同伴效应，企业所在省区的过度负债企业占比越大、过度负债指数越高，焦点企业过度负债的程度也越大。跟随企业、融资约束较低的企业及连锁董事网络中心度较低的企业基于模仿学习的动机而对同伴的行为更敏感，同伴效应越强，焦点企业的过度负债水平就越高（李志生 等，2018）。

（三）分配决策与同伴效应

学者们对企业分配决策的关注大多集中在股利分配上。Adhikari 和 Agrawal（2018）发现，企业的股利分配和股票回购行为显著地受到行业同伴相应决策的影响，基于竞争的模仿理论可以解释这种同伴效应，认为企业模仿同伴的行为是为了保持和它们处于同样的竞争地位。作者以同伴企业的股价波动为工具变量克服内生性问题，发现当企业面对更强烈的产品市场竞争并且在更佳的信息环境中经营时，同伴的影响表现更明显。规模更小、更年轻的企业在进行股利分配时，对与其规模、年龄相似的行业同伴们的行为更加敏感，此时的同伴效应较强，而对股票回购来说，同伴效应的影响只集中存在于规模较大的成熟企业中。Grennan（2019）在股利分配方面发现了类似的结论，但她的实证结论并不支持股票回购行为中存在同伴效应。她的研究进一步发现，作为对同伴行为调整的反应，企业会将分配股利的时间调整缩短约 1.5 个季度，支付的股利增加约 16%，同时，同伴效应的影响只发生在股利支付增加时，下降时没有影响。同伴企业的相互影响总体来说可以解释约 12% 的股利分配变动。在高管薪酬决策中也存在同伴效应。代理理论认为，首席执行官的薪酬应该是企业经行业调整绩效的函数，Lewellen（2015）通过研究得出，在同伴企业使用所在行业情况为参考时，首席执行官的薪酬会与经行业调整的绩效有高度相关的关系。具体表现为，行业调整收益平均每增加一个标准差，首席执行官的所得会因此每年增加6%。更进一步地，作者将企业的绩效分解为"运气"和"技术"两部分，发现首席执行官仅仅是由于"技术"而被支付薪酬，且出于从首席执行官留任动机的角度考虑，首席执行官的薪酬会被调整为和同伴企业相似。

赵颖（2016）研究了我国非金融上市公司的情况，同样发现高管薪酬存在显著的同伴效应，特别是外聘CEO，表现得尤为明显。同一区域内的高管薪酬同伴效应，无论是行业内还是行业间，均显著高于不同区域同一行业的影响。高管薪酬同伴效应的诱发动机有高管才能回报和高管自利性动机两种，作者经分析认为，我国高管薪酬的同伴效应体现出与企业发展至少在短期内是共享的而非掠夺的，是企业或行业对高管的才能所给予的回报。

除此之外，同伴企业的盈余管理行为（刘柏和卢家锐，2019）、财务违规和舞弊行为（陆蓉和常维，2018；王磊 等，2018）、税收筹划带来的税收激进行为（杨明增和张钦成，2019）、高管减持行为（易志高 等，2019）等，都是焦点企业决策的重要影响因素。

有关同伴效应在财务决策中应用的主要文献研究结论如表 2.3 所示。

表2.3 同伴效应在财务决策中的应用

应用领域	研究结论	研究者
投资决策	焦点企业的并购、研发等投资行为中均存在同伴效应；规模小、属于行业追随者、年轻、融资约束高、治理不完善的企业越容易模仿同伴；有同样产权属性的企业之间同伴效应更明显；外部环境越不确定，同伴效应越强	Gao 等 (2011)；Foucault 和 Fresard(2014)；Dougal 等 (2015)；傅超等 (2015)；石桂峰 (2015)；万良勇等 (2016)；Chen 和 Ma (2017)；Park 等 (2017)；刘静和王克敏 (2018)
融资决策	焦点企业的资本结构决策过程中存在同伴效应，过度负债存在显著的地区同伴效应；规模小、属于行业跟随者、融资约束较低的企业，以及连锁董事网络中心度较低的企业更容易模仿同伴；管理者越看重自身声誉，同伴效应越明显；竞争激烈、不确定性强、增速快的行业中同伴效应更明显；焦点企业经理人能力较弱、同伴信息质量较高、焦点企业高管团队信息交流程度高时，同伴效应较强	He (2011)；Leary 和 Roberts (2014)；Duong 等 (2015)；陆蓉等 (2017)；钟田丽和张天宇 (2017)；李志生等 (2018)；张天宇和钟田丽 (2019)；巩鑫和唐文琳 (2020)
分配决策	企业的股利分配、股票回购、高管薪酬决策等活动中存在同伴效应；产品市场竞争强、信息环境更佳时，同伴的影响更大；规模更小、更年轻的企业在进行股利分配时，对和其规模、年龄相似的行业同伴们的行为更加敏感；同伴效应的影响只发生在股利支付增加时，下降时没有影响；同一区域内的高管薪酬同伴效应，无论是行业内还是行业间，均显著高于不同区域同一行业的影响	Lewellen (2015)；赵颖 (2016)；Adhikari 和 Agrawal (2018)；Grennan (2019)
其他	企业的盈余管理行为、财务违规和舞弊行为、税收筹划带来的税收激进行为、高管减持行为等均具有同伴效应	陆蓉和常维 (2018)；王磊等 (2018)；刘柏和卢家锐 (2019)；杨明增和张钦成 (2019)；易志高等 (2019)

本章小结

通过对国内外相关文献的回顾和分析，可以得出以下结论：

第一，基于权衡理论、优序理论和择时理论，学者们对企业资本结构决策和调整过程中的影响因素已有了多方面的研究，行业因素也是其中非常重要的因素之一。但是，传统的研究绝大多数并没有关注行业为何会对其中的企业产生影响，这种内在机制的探索成果还较为有限。从社会互动和学习等角度来看，已经有很多学者开始研究群体中个体之间决策的相互影响，但这种研究的成果在金融学领域中更多地集中于对个体的研究，如居民、个体投资者等，以企业为对象的研究与之相比还较为有限。

第二，学者们在教育学和社会学领域提出的关于同伴效应的异质性特征，如同伴群体规模、同伴关系评价和同伴群体位置等，对企业同伴效应的研究同样有启发意义。然而，当前对同伴的选择并没有权威的模型可以依赖。选择不同的同伴来分析其影响可能得到相差较大的结果。由于社会分工越来越细致，在针对企业的研究中，按行业归属进行的同伴界定是否能够真实地反映对企业决策产生影响的同伴，这一问题值得进一步思考。

第三，虽然在研究中同伴效应通常作为一种内生变量来研究其对决策者行为的影响，但无论是对个体还是对企业，这种行为上的改变并不直接与最终的个人业绩或公司业绩相关，即我们只发现同伴效应会影响人们或企业的决策行为，但不能得出这种模仿行为带来的结果究竟是更好或者更坏。当前几乎没有文献涉及此领域，这也是未来理论发展的一个方向。

前述国内外学者的研究结论为本研究的方案设计与规划带来了极大的启发，并奠定了理论和实践分析的基础。

第三章　理论分析与研究假设

通过文献综述把握相关研究的进展和成果之后，本章将进一步明确研究的问题，并结合我国的特殊情境，对其进行详细的理论分析，在此基础上提出相应的研究假设。

第一节　企业资本结构决策中同伴效应的存在性及其相对重要性

一、企业资本结构决策中行业同伴效应的存在性

在传统的研究中，基于权衡理论、优序理论和市场择时理论的视角，学者们主要关注的是企业自身特征和外部环境的影响，这些研究均表现出一个隐含的假定前提，即企业的资本结构决策是独立做出的，不会受到其他企业的影响。然而，企业并不是孤立存在于社会系统中的，Kelman 的社会影响理论指出，企业之间也会因互相学习或模仿而形成相对稳定的关系体系。这种信息传递和学习功能会成为影响企业行为的重要因素。近年来，这一领域的研究成果不断涌现，学者们发现在诸多不同的企业财务决

策中存在同伴效应。Foucault 和 Fresard（2014）、Park 等（2017）发现焦点企业在做投资决策时会将同伴企业的投资决策或决策结果当作重要的信息来源。我国学者 Chen 和 Ma（2017）、万良勇等（2016）、傅超等（2015）、刘静和王克敏（2018）对资本支出、并购和研发支出等领域进行了研究，证实我国企业的投资决策中同样存在同伴效应。Adhikari 和 Agrawal（2018）、Grennan（2019）等发现企业的股利分配行为显著受到同伴相应决策的影响，并且企业在给付首席执行官薪酬时也会在很大程度上参考同伴企业同岗位的首席执行官薪酬水平（Lewellen，2015；赵颖，2016）。

在企业融资决策方面，Leary 和 Roberts（2014）选用 1965—2008 年的美国上市公司数据，建立参照组内均值线性模型，并将股票收益的波动值设为工具变量，以克服模型的内生性问题，集中从社会学习动机的角度分析了同伴企业对美国上市公司资本结构决策的影响。他们发现，在决定企业资本结构和进行其他财务决策时，同伴企业的决策扮演了十分重要的角色。在很大程度上，焦点企业的财务决策受同伴企业财务决策的影响，但是也小幅受同伴企业特征的影响。这些同伴企业对资本结构决策的影响甚至比大部分已确定的影响因素更重要。而且，规模更小、更欠成功的企业会对那些更大型、更成功的同伴们的表现更敏感。作者进一步指出，同伴效应的存在使以往研究的其他决定杠杆率的外部因素的估计效果放大了约 70%。这些结论可以看作 Frank 和 Goyal（2009）所提出观点"行业平均负债率是公司资本结构的一个重要决定因素"的一个深入解释。钟田丽和张天宇（2017）、陆蓉等（2017）均利用我国深沪两市 A 股非金融上市公司的面板数据，同样借鉴上述 Leary 等人的研究方法并对其进行了拓展，证实了我国上市公司的资本结构中也存在同伴效应。

社会心理学研究指出，人们在评价自身行为时，如果缺乏现成的客观标准，一般倾向于选择与自己属性类似的群体进行比较（Festinger，1954）。企业作为社会系统中的组成个体，在选择自己决策行为参照群体时会有同样的倾向，越是和自己相似属性更多的企业，越容易被其选定为参照对象。因此，同一行业中的企业便成了天然的参照对象，并且这些企业往往会观察和自己在所有权性质、产业性质和股票交易市场等方面有更多相同特征的企业行为，以作为自身决策时的重要信息来源。

综合现有的研究，绝大多数学者在对企业财务决策中的同伴效应的研究中以行业内其他企业作为同伴，这是目前较为普遍且成熟的做法。由此，本书提出假设 H1.1。

H1.1: 我国上市公司在进行资本结构决策时存在行业同伴效应。

二、企业资本结构决策中区域同伴效应的存在性

早期的社会学和教育经济学研究已发现，当对"同伴"的理解不同或选择同伴的范围不同时，同伴效应会有不同的表现。Halliday 和 Kwak（2010）在研究同伴对学生成绩、吸烟、喝酒等行为的影响时，对比了常用的以年级定义同伴和学生自己报告真实同伴的方式，并发现选择的同伴群体不同时，同伴效应的衡量结果会有很大不同。杨钋和朱琼（2013）在教育领域中对同伴关系的异质性研究也发现，同伴群体规模、同伴关系评价和同伴群体位置的不同，都会对分析结果产生影响。在这些领域中研究个体层面的同伴效应时，同伴群体常常选取处于相同或相似的地位、关系平等、共同进行某种决策行为的人群，如同班或同年级的同学、同一个办公室的同事、同宿舍的室友、同一个小区的邻居等。可以看出，"同伴效应"一词在最初具有很强的地理或空间含义，因此，它也被称为邻里效应或邻居效应（neighborhood effect）。在对企业层面进行研究时，一般认为，如果某企业个体的行为会受到其他企业行为表现或特征的影响，而且其他企业与该企业是某一层面上的同群者，那么就存在同伴效应。在财务决策领域中，一直以来，学者们研究时最常选择的同伴就是行业内的其他企业，但近年来，已有一些学者从地理区域的角度选择新的企业同伴群体开展研究。如 Dougal 等（2015）、石桂峰（2015）等将企业的地区分布作为划分同伴群体的依据，研究同一地区不同行业企业之间在投资决策上的相似性，验证了投资区域同伴效应的存在，认为焦点企业的投资决策受到邻近企业

投资行为的影响是一种基于区域聚集经济的同伴效应，源自包括知识和技术溢出以及羊群效应等在内的地区活力差异。Gao 等（2011）发现美国企业中总部地理位置在同一个都市圈的企业在进行资本结构决策时会受到当地文化和企业经营者社会互动的影响。李志生等（2018）发现我国企业的过度负债存在显著的地区同伴效应，企业所在省区的过度负债企业占比越大、过度负债指数越高，焦点企业过度负债的程度也越大。赵颖（2016）同时考虑了企业的区域分布和行业的异质性，在此基础上分析了我国高管薪酬的同伴效应，发现位于同一区域内的同行和不同行企业对高管薪酬的影响显著高于不同区域中同行企业的影响。苏诚（2017）研究了我国企业并购行为中的地区同伴效应。陆蓉和常维（2018）则发现我国上市公司违规行为存在"近墨者黑"的地区同伴效应，同一地区中上市公司违规行为的发生会增大该地区其他上市公司发生违规行为的概率。陆蓉等（2017）将企业负债率增加对行业内其他企业的影响称为"溢出效应"。Parsons 等（2018）也指出财务违规行为发生率在美国的一些主要城市之间存在广泛的差异，诸如文化之类的社会因素在个体决定遵守规则或破坏规则时扮演了重要角色。

一个人所在的当地环境对他决策的影响可以排在第一位，上市公司的高层管理者也一样（Dougal et al.，2015）。地理学第一定理指出，任何事件之间都存在相互的联系，地理距离越近，这种联系越密切（Tobler，1979）。根据社会互动理论，在同一区域中的企业管理者由于地理位置临近，会有更多的机会建立社交网络，他们之间可能比不同区域的企业管理者存在更多的社会互动，以交流或模仿其他企业采取的行为（Gao et al.，2011；陆蓉和常维，2018）。我国商会的存在更为区域内管理者的互动交流提供了极佳的平台。林拓等（2015）论证了我国商会存在的特色优势。一是具有深厚的文化软实力。我国的商会组织由来已久，自明朝中叶以来，我国的商帮已从松散的地缘群体逐步发展为几乎覆盖全国的商会体系，不仅具有独特的地域特点，而且有团结互助的共同主张，在此基础上又形成了会馆和公所等组织，构成了发达的网络体系，是我国商人和企业的传统文化财富。二是除了地域商会、行业商会外，我国还有大量的异地商会，具有活跃的区域协同力。从社会文化的视角来看，中国历来是一个重视人情的社会，人情网络中包含着大量的社会资源，且对维持信任有重要作用（龚晓京，1999）。因此，管理者也有充分的动机利用商会平台去建立当地的人情网络。

综合以上，本书提出假设 H1.2。

H1.2：我国上市公司在进行资本结构决策时存在区域同伴效应。

三、孰轻孰重：行业同伴抑或区域同伴

同伴效应发生在由企业构成的群体中，因此具有组织层面的意义。管理者是企业各项财务决策的最终制定者。Manski（1993）指出，同伴效应是一种内生效应，是决策者对同伴行为的内生反应；社会互动和社会学习理论也指出，观察学习和自我调节在引发人的行为时非常重要。学习行为发生在决策者个体身上，而非企业组织层面，决策者通过同伴行为获得有价值的信息，根据这些信息做出自己的判断，进而调整自己的行为。因此，同伴效应又具有决策者个体层面的意义。

根据前文论述可知，既往研究已发现由于个体拥有信息的不完全，管理者会通过对行业中同伴企业的模仿和学习来调整自己的财务决策行为，而且当企业规模更小（Leary and Roberts，2014；万良勇 等，2016）、更欠成功（Leary and Roberts，2014）、治理更不完善（万良勇 等，2016）、受更多财务约束（Leary and Roberts，2014；Chen and Ma，2017；Park et al.，2017）、更年轻（Chen and Ma，2017）、属于行业跟随者（傅超 等，2015；Chen and Ma，2017；陆蓉 等，2017；李志生 等，2018）时，当管理者能力较弱、高管团队内部信息交流较少、同伴传递出的信息质量较高（张天宇和钟田丽，2019）时，当行业竞争程度较高（陆蓉 等，2017）、行业增长速度较快（陆蓉 等，2017）时，当环境不确定性更强时（陆蓉 等，2017、张天宇和钟田丽，2019），同伴效应更加明显。这些研究均表明，企业管理者对行业中同伴企业行为的观察、模仿和学习

是为了获取更多的信息，弥补自己能力或私有信息的不足，以便降低不确定性，更好地参与行业竞争，是一种竞争互动。王磊等（2018）也指出，行业领导者若通过财务报告舞弊虚构利润向外界传递行业虚假繁荣的错误信号，会导致同伴公司为争取更多的市场份额而扩大投资规模。基于竞争的模仿理论可以解释这种同伴效应，认为企业模仿同伴的行为是为了保持和它们处于同样的竞争地位（Adhikari and Agrawal，2018）。Leary 和 Roberts（2014）也提出，企业融资行为之所以具有同伴效应，是由于资本结构与产品市场竞争之间具有关联、理性的羊群效应和管理者激励共同导致的企业间决策相互模仿行为。

如前所述，企业之间的相互观察、模仿和学习也会发生在地理位置邻近的区域同伴中。由于所处的地理位置的差异，企业在进行决策时面对的融资条件、基础设施、交易成本、对投资者的保护水平、政治资源和社会关系等都会有所差异（薛胜昔和曹太云，2020），而这些因素都是企业决策时的重要影响因素。Gao 等（2011）指出，同地区的企业会表现出相似的财务决策，这种区域同伴效应可归结为三方面原因：企业对投资者偏好的迎合、当地的文化特征，以及企业高管之间的社会互动。学者们已普遍认同，企业的大量决策带有决策者背景特征的印记，且管理者在不确定的环境中可能会观察其他同伴的战略或通过与同伴的直接联系来模仿他们的行为。地理位置的临近性有助于企业管理者进行面对面的沟通，使得交往更容易开始和保持，即使没有直接的联系和交流，地理位置的临近性也可以增加管理者之间的观察式学习行为。因此，社会互动可以促进文化的传播，企业管理者加入的社会网络是他们主要的信息和其他企业决策行为的收集途径。这种互动收获到的信息还会具有一定的地方政府政策含量，因此有可能形成由政府主导的羊群效应（石桂峰，2015）。决策者作为一个具有能动性的个体，会主动对收集到的同伴信息进行筛选，更重视那些能够帮助企业在行业内发展的信息。管理者在进行财务决策时通过在区域同伴群体中观察、交流而获得的信息，以及随后发生的模仿、学习同伴的行为的最终目的依然是为企业制定最优竞争战略服务。从社会学习视角来看，由于行业环境会直接影响企业的各项活动，并且行业对其内部企业的盈利水平具有决定意义，因此行业同伴所传递的信息对企业的价值更大，企业对行业同伴的行为应比对区域同伴的行为更为敏感。也就是说，在行业同伴和区域同伴对焦点企业的影响中，行业同伴的影响程度更大，同伴效应发挥作用的主要路径是基于行业内竞争而产生的学习和模仿。由此，本书提出假设 H1.3。

H1.3：相对而言，我国上市公司资本结构决策中行业同伴的影响比区域同伴的影响更大，即同伴效应发挥作用的主要路径是基于行业内竞争而产生的学习和模仿。

第二节　企业资本结构决策行业同伴效应的调节因素

一、产权性质的调节作用

我国特有的制度背景导致国有企业与非国有企业在内部公司治理、外部公司风险及公司行为等方面存在较大的差异。国有企业的产权属性决定了它们拥有更多的可抵押固定资产和政府的担保，可以获得更便捷的债务融资渠道，因此杠杆往往高于非国有企业（钟宁桦 等，2016）。国有企业可以以较低的利率从银行获得贷款，其融资成本较低（申广军 等，2020）。Li 等（2009）发现，国有产权与企业的杠杆及长期债务倾向有正向的相关性。又因为国有企业往往承担了许多政策性负担，致使管理者更有参照行业内同伴企业资本结构决策的动机，在完成"政策任务"的同时保障企业价值的增长或自身利益的最大化。同伴行为的溢出作用促使国有企业更有可能偏离最优资本结构而导致过度负债。

从信息获取的角度来看，国有企业由于与政府有更多的联系，获取政策等关键信息的成本较非国有企业更低，特别是当它们是行业中规模较大的企业或所在行业更被政府关注时。规模相对较小或获取信息所需时间更长的国有企业更容易相信其他行业内的大型国企所获得的信息的准确度和可靠性，并通过观察它们的行为更廉价地获取这些信息，继而做出自己的判断和决策，因而行业中的国有企业更容易发生信息"搭便车"的现象，表现出与同伴企业决策行为趋同的结果。相比之下，非国有企业往往在信息获取上居于劣势，通常会各尽所能、花费更高的成本去获取所需的信息，并且可能会在保护信息的私密性上做出更多的努力。因此，可以推断非国有企业尽管也有动机去模仿同伴的行为，但由于需要付出较高的时间和经济代价去确认观察所得信息的准确性和可靠程度，因此管理者在进行决策时往往会更加谨慎。

从管理者声誉视角来看，由于政府这一"所有者"的缺位，其对企业仅有控制权，无剩余所有权（吕长江和赵宇恒，2008），这造成国有企业的内部缺乏有效监督（佟爱琴 等，2012）。国有企业的高管是企业的实际经营和决策者，企业在对其进行考评和薪酬给付时，往往更倾向通过企业的业绩在行业中的相对表现来评价他们的能力。并且在我国，由于国有企业的高管与政府官员之间时常发生转换，因此声誉对国有企业的高管有更强的约束作用（马连福和刘丽颖，2013；王帅 等，2016），不仅有经理人声誉，还包括政治声誉（孔峰和宋国平，2011）。因此，国有企业的管理者（特别是能力较低的管理者）有更强的动机通过模仿其他同伴的决策行为来使自己企业的业绩水平和其他企业保持一致，以隐藏自己的真实能力和水平。相对而言，非国有企业的管理者虽然也有维护声誉的动机，但由于不存在政治因素，因此动机不如国有企业管理者迫切。而且，在我国非国有性质的企业中，民营企业是主力军，而中国民营企业主要由家族企业组成（鲁晓晨，2018；王藤燕和金源，2020）。家族企业占民营企业总量的 55% 以上，如果仅以所有权定义家族企业，则这一比例能达到 85%，甚至更高（鲁晓晨，2018）。虽然子承父业的观念在近些年开始发生改变，一些家族企业开始引入外部经理人，但大量家族企业的决策权仍牢牢掌握在家族成员的手中。由家族控制和管理的企业在进行投资时表现出更依赖内部现金流，其外部融资的约束增大（王藤燕和金源，2020）。因此，这些企业在资本结构决策方面模仿同伴行为的动机较国有企业总体看来更弱。由此，本书提出假设 H2.1。

H2.1：我国上市公司中国有企业的资本结构决策行业同伴效应高于非国有企业。

二、产业性质的调节作用

按照中国证券监督管理委员会（以下简称"中国证监会"）行业分类，我国上市公司共分为 19 个大门类，包括农、林、牧、渔业，采矿业，制造业，电力、热力、燃气及水生产和供应业，建筑业，批发和零售业，交通运输、仓储和邮政业，住宿和餐饮业，信息传输、软件和信息技术服务业，金融业，房地产业，租赁和商务服务业，科学研究和技术服务业，水利、环境和公共设施管理业，居民服务、修理和其他服务业，教育，卫生和社会工作，文化、体育和娱乐业，综合。学者们早已发现，同一个行业内企业的资本结构更为相似，且各行业都会倾向保持其相对的杠杆等级（Bradley et al.，1984；肖作平，2004）。从较为宏观的因素来看，这些行业分属三大产业，由于各行各业的发展模式迥异，在国民经济中的地位不同，面临的政策环境和市场竞争状况也大不相同，因此不同产业性质的公司决策者在进行财务决策时往往存在较大差异，而同伴企业对焦点企业决策的影响也会随着产业性质的改变而发生变化。考虑到行业之间的差异和三大产业在国民经济中的地位，本研究拟将这些行业按三大产业进行分类，考察财务决策同伴效应在不同产业层次行业中的异质性。

作为第一产业的农、牧、林、渔业是国民经济其他部门赖以生存和独立发展的基础，历年来受到政府的重视。由于农产品的不可抵押性，企业的债务融资能力较弱（刘平青和郭慧超，2015）。多数学者的研究发现，我国农业上市公司的负债水平普遍偏低（黄晓波和冯浩，2006；曲炳静和魏欣，2006；余景选和郑少锋，2010）。然而由于近年来国家扶持力度的加大，时常出台支持农业发展的各方面政策，包括在税费、金融和信贷方面的优待措施，企业融资约束和银行贷款逐步放松，农业上市公司的债务融资有明显的增加（田子军 等，2012）。从公司治理的角度来看，农业上市公司的股权结构中存在一股独大的现象，股权集中度较高，且第一大股东或实际控制人往往是国家股东，其持股比例虽然在 2007 年股改后有明显下降，但仍然保持较高的水平，并且广泛存在高管"两职兼任"的情况（许彪 等，2003；冷建飞和王凯，2006；刘子旭和耿晓媛，2010；沈渊，2010；王怀明和史晓明，2010；田子军 等，2012）。然而，从行业竞争角度来看，相较第二、第三产业而言，农业发展在很大程度上依赖天时，上市公司中农业企业的规模较小，企业对资本的依赖程度也较小，行业竞争程度并不如第二、第三产业那样激烈。根据动态竞争理论，企业间的竞争是竞争双方反复交替的长期动态互动过程，是基于竞争对手的情况来选择自己应对行为的过程。Manski（2000）指出，这种互动过程会改变企业决策时的偏好排序，即促使同伴效应的产生。可以进一步推论，企业间的竞争越激烈，这种互动就越频繁，企业进行决策时就会越重视竞争对手的举动，对自己的偏好排序影响更大。由于农业产业的竞争性小于第二、第三产业，因此，以农业为代表的第一产业中的企业在进行财务决策时表现出的同伴效应可能会低于第二、第三产业的企业。

第二产业工业的发展在很大程度上决定了一个国家的国力和现代化水平，为人民提供各种基本的生活消费品，制造业企业是上市公司中占比最高的门类。第三产业是广义的服务业，包含的行业门类众多，它的发展水平是反映一个国家或地区生产力高低的重要标志。整体来看，第二、第三产业的企业负债率较第一产业企业更高，由于行业门类的广泛性，各行业受到政府的管制或政策关注的程度也各不相同。第二、第三产业，特别是第二产业中的大规模企业较多，公司治理结构更成熟，股权结构较之农业企业更分散，对资本的需求也更多。同时，某些行业存在寡头企业或集中程度较高，会形成经济学讨论的"斯塔克尔伯格竞争"，即大企业的决策将对小企业产生更大的影响，而小企业会先观察大企业的行为，再根据大企业的决策迅速地调整自己的对策，即会表现出更明显的同伴效应。从竞争视角来看，第二、第三产业中大部分行业的竞争性更强，资源配置主要依靠市场，但其中一些行业里的寡头或行业领导企业与政府的联系依然十分紧密，存在高管由政府任命的情况。因此，企业决策者在进行财务决策时出于声誉维护和市场竞争的需求，有更强烈的动机要考虑同伴企业的决策行为，以此对自身的相关决策进行适时调整。综上所述，本书认为第二、第三产业中财务决策同伴效应均较第一产业更为明显。由此，本书提出假设H2.2。

H2.2：我国上市公司中第二、第三产业企业的资本结构决策行业同伴效应高于第一产业。

三、股票交易市场类型的调节作用

主板市场对发行人的营业期限、股本大小、盈利水平、最低市值等方面的要求较高。上市企业多为大型成熟企业，具有较大的资本规模、较成熟的治理模式、稳定的盈利能力，以及更强的偿债能力。主板市场是资本市场中最重要的组成部分，很大程度上能够反映经济发展状况，有"国民经济晴雨表"之称。

中小企业板是深圳证券交易所为了鼓励自主创新，而专门设置的中小型公司聚集板块。板块内公司普遍具有成长性好、收入增长快、盈利能力强、科技含量高的特点，而且股票流动性好，交易活跃，被视为中国未来的"纳斯达克"。而中小企业板的定位是为主业突出、具有成长性和科技含量的中小企业提供融资渠道和发展平台，促进中小企业快速成长和发展，是解决中小企业发展瓶颈的重要探索。中小企业板是现有主板市场的一个组成部分，其发行上市条件与主板相同，但发行规模相对较小，成长较快，而且上市后要遵循更为严格的规定，目的在于提高公司治理结构和规范运作水平，增强信息披露透明度，保护投资者权益。

创业板市场是证券主板市场之外的证券交易市场，它的明确定位是为具有高成长性的新兴企业提供融资途径，这些企业大多从事高科技业务，成立时间较短，规模较小。创业板市场也是针对中小企业的资本市场，与主板市场相比，在创业板市场上市的企业标准和上市条件相对较低。创业板市场与中小企业板本质上都是为中小企业融资和发展服务的，但是二者在发行上市条件、交易机制等方面存在较大差异。

Wugler（2000）指出，不完善的资本市场会影响企业投资决策对成长机会的反应。孙刚（2020）进一步研究发现，在不同层次资本市场上市的企业，其投资会随着成长性的变化而进行调整，引入期的企业在创业板和中小企业板上市时，其投资敏感度更高、资本配置效率更高。薛海燕等（2020）以创业板和新三板市场为对象，研究了不同资本市场对企业创新投资的影响，认为创业板虽然可以缓解企业的融资约束，促进创新，但由于创业板企业中时常存在的管理者短视行为，企业创新投资会被抑制，而新三板企业的控股股东多为公司高管，做出投资决策时会更多考虑企业的长远发展，因此会有更强的动机进行更多创新投资；进一步地，他们发现外部融资依赖性较低的企业在创业板上市会抑制其创新投资。谢欣雨和孙磊（2019）的研究发现，主板、中小企业板和创业板上市的企业，在股利分配比例和股利分配方式上具有明显的不同，前者比例较低且更多使用派现的方式，后两者比例较高且更倾向使用派现和派现加转增股本两种支付方式；企业特征（包括盈利能力、偿债能力、成长能力、营运能力和公司规模）与不同交易市场中企业的现金股利支付水平之间的相关关系各不相同。

综合以上分析可知，在不同交易市场上市的企业由于在企业规模、治理结构、盈利能力、成长性等特征方面存在明显差异，因此在进行财务决策时的表现也各不相同。为了获取决策所需信息和应对行业竞争，企业会选择模仿与自身基础特征更接近的企业，其中包括在同一交易市场上市的同伴企业。在企业之间表现出的同伴效应强度也具有差异。由于主板上市的企业大多为具有一定规模的成熟企业，成立年限较长，已积累了较为丰富的市场竞争经验，因此，这些企业的领导者对市场上的各类信息往往更为敏感，更关注同行领先企业的决策行为，并以此作为自己决策行为的重要参考，以应对激烈的市场竞争。相比较而言，中小企业板中的企业规模有限，在治理结构和企业运作的规范水平上不如主板企业成熟，但有比较快的成长速度，因此，也有充分的学习动机去模仿同行企业，特别是成功企业的决策行为，但这种模仿会受到自身企业规模、偿债能力等特征的限制。而创业板的企业大多还处于成长阶段，各企业的管理能力和盈利能力等差异较大，远不及主板企业。加之创业板退市频繁，企业可供参考的同行企业较少，且单个企业的决策行为的参考和学习的价值也较低。因此，创业板企业的财务决策会更关注自身的企业特征，决策行为中同伴效应可能较低。由此，本书提出假设 H2.3。

H2.3：我国上市公司中主板企业的资本结构决策行业同伴效应高于中小企业板和创业板企业。

第三节 企业资本结构决策行业同伴效应的异质性（门槛特征）

一、同伴效应异质性的内涵：空间经济学的视角

从空间经济学的视角来看，空间是通过地理、经济、社会文化等不断交融的产物，而不是中立的几何图形，空间中的一切事物都具有或多或少的联系（Batty，1997；Hubbard，2002）。因此，无论是行业还是地理区域，都可以被包括在广义的"空间"范畴中，空间除了传统意义上的地理区域空间外，还可以拓展至行业空间。从这一视角来看，行业或区域同伴企业的决策对焦点企业决策的影响实际上体现的是企业间决策的空间相关性，这种同伴效应在空间中表现为"溢出效应"。

伴随技术创新等其他理论的发展，空间溢出效应的研究逐渐成为热点问题。Schumpeter（1942）在探讨技术创新与经济发展的相互影响时，引入了空间溢出导致技术创新扩散的思想，并以此解释技术创新对经济发展的作用机制。Hagerstrand（1967）通过分析信息的有效流动性和技术扩散的层次性，为空间溢出效应的研究奠定了基础。Rey 和 Montourif（1999）提出，由于技术溢出和要素流动，区域之间的经济发展往往是彼此相关的，因此在经济分析中忽略这种相关性将导致分析结果不可信。随着空间计量经济学的进一步发展，学者逐渐将研究重点转移到如何衡量空间溢出效应

的大小。随着交通和互联网的发展，越来越多的研究发现地理距离对技术溢出的限制越来越小（Glaeser 和 Kohlhase，2003），经济距离和技术距离的作用日益显著。Jaffe（1986，1989）通过企业之间获得的专利情况来定义其密切程度，通过加权处理后衡量科研投资的溢出效应。李婧等（2011）通过构建经济距离矩阵，考察了1998—2007年中国大陆30个省级区域创新的空间相关与集聚。潘文卿等（2011）基于中国1997年、2002年、2007年的投出产出表，测算了中国35个工业部门的产业相似度矩阵，并以此来衡量产业间的技术溢出效应。空间计量分析一般集中于宏观经济领域的研究，在上市企业中的应用性研究较少，但空间经济理论已为分析企业间决策相互影响的内在机制提供了理论依据。这一理论中提出的"空间溢出可以导致技术扩散"的思想为研究同伴行为提供了新的思路和方法上的借鉴。我们可以将同伴效应进一步理解为一种空间经济现象，融入空间因素分析企业之间决策行为的相关性，并用空间计量的方法来尝试衡量这种空间溢出效应的大小。

Dougal 等（2015）认为焦点企业的投资决策受到邻近企业投资行为的影响是一种基于区域聚集经济的同伴效应，源自包括知识和技术溢出，以及羊群效应等在内的地区活力差异。钟田丽和张天宇（2017）的研究发现，同伴效应具有独有的乘数效应属性，单个企业的资本结构调整会通过企业间的互动在行业内进行扩散，从而产生更大范围和程度的资本结构变动。陆蓉等（2017）进一步指出，单个企业的决策调整是为了在面临外部环境冲击时规避风险，但同伴效应却会导致风险聚集在整个产业链甚至某一个区域中，从而有可能对实体经济产生影响。这些研究均反映出，"溢出"是空间关系的重要形式，而"溢出效应"不仅包含主体的空间扩散，还包含客体的空间吸收，从而将空间中的各个区域相互联系起来（Keller，2002）。由于空间内部也存在多个主体，因此溢出效应往往从以下两个维度进行定义（Hagerstrand，1952）：一是空间内部的溢出，通常发生于企业之间或产业之间（Anselin et al.，1997）；二是空间外部的溢出，通常发生于地区之间或国家之间（Coe and Helpman，1995）。本部分讨论的同伴效应是空间内部的溢出效应。本部分将聚焦于从行业空间溢出角度来进一步探讨企业财务决策中同伴效应的异质性（门槛特征）及其影响因素。

由于同伴效应是群体内部的效应，至少涉及焦点企业和同伴企业两个方面，因此同伴效应是一种相互的"作用力"，其大小一方面会受到企业自身的影响，另一方面也会受到同伴企业的影响。通过前文论述已知，同伴企业的财务决策行为会对焦点企业的相应决策行为产生重要影响，焦点企业在决策时会将同伴的行为作为重要参考信息纳入自身的决策函数。由于焦点企业自身特征具有异质性，不同企业对同伴行为的响应程度也会存在差异，因此同伴效应也应具有异质性，具体可表现为随着焦点企业自身特征或同伴行为的变化，以及其他环境因素的变化而出现同伴效应边际作用的改变，即空间计量中所谓的门槛特征。这意味着同伴效应的边际作用在上述因素（门槛变量）发生变化时可能存在转折点（门槛），当上述因素处于不同的区间（由门槛值和门槛的数量决定）时，焦点企业对同伴决策的敏感度各不相同，所受来自行业同伴的影响存在显著差异。同时，门槛特征还能进一步揭示同伴效应的存在形式究竟是线性的还是非线性的。

二、行业同伴效应的门槛：焦点企业特征

在以往的研究中，虽然大多数利用的是研究者自行设定标准按某一特征对焦点企业进行分组检验或设定交叉项的方式来检验同伴效应的异质性，但许多研究已揭示了焦点企业特征与同伴效应之间可能存在非线性关系，同伴效应可能会随着企业特征的变化而发生边际作用的改变。例如，高财务约束的企业对同伴的投资决策更为依赖（Park et al.，2017）。虽然学者们按研究所需标准将企业分为了高财务约束组与低财务约束组，进行的是分别检验，但这些研究已经可以呈现出投资同伴效应可能存在随企业财务约束的逐渐增加而更加明显的变化趋势，即投资同伴效应可能随财务约束的变化而发生边际作用的递增。

（一）企业规模

在同伴效应异质性的相关研究中，企业规模是一个经常被提到的因素。相关研究结论证实，企业规模越大、治理越完善，越易被同行企业当作模仿的对象（万良勇 等，2016），对于属于行业追随者、年轻或者融资约束高的企业来说，投资同伴效应更为明显（Chen and Ma，2017）。在融资决策方面，学者也已发现，对同伴融资决策的模仿单向发生在规模更小的企业对规模更大的企业行为的模仿上（Leary and Roberts，2014）、行业跟随者会模仿和学习行业领导者（陆蓉 等，2017）等。由此可推论，当焦点企业的规模增大时，同伴效应的影响会逐渐下降。这是由于企业规模的扩大可以反映出企业经营状况良好、盈利能力较强、市场地位较为有利。随着企业规模的不断增大，达到一定程度时，会对整个市场产生较大影响，其资本结构决策会对其他同伴产生更明显的影响。因此，该企业将减少对其他企业的模仿行为，并起到市场领导者的作用。也就是说，在融资行为中，行业同伴效应可能随着企业规模的增大而出现边际作用的递减。由此，本书提出假设 H3.1。

H3.1：我国上市公司资本结构决策行业同伴效应随焦点企业规模的增大而具有门槛，表现为边际递减的非线性形式。

（二）偿债能力

焦点企业的偿债能力较强时，意味着其资产的变现能力较强，或企业通过经营创造收益的能力较强，有稳定的现金流入。一般认为，用流动比率衡量的偿债能力较高时，对企业负债率的影响是混合的。由于流动资产抵押功能更强，可以降低外部融资成本，且企业支付短期到期债务的能力较强，企业可能会因此大量使用债务融资的方式。但是流动资产较多的企业决策者也可能将其用于为后续投资进行融资，因此资产流动情况又可能会对企业负债率有负面影响（肖作平，2004）。另一些研究也表明，当流动资产较多时，企业可能反而更倾向于进行内部融资，以避免在使用中造成流动资产的无谓损失。总之，虽然过往研究得到的结论发现企业的偿债能力与资本结构之间的关系存在多种可能，但是也从中可以得出，在企业进行融资时，偿债能力强的企业和它的管理者会有更强的信心来应对由债务融资增加而带来的财务风险，在资本结构调整决策前进行权衡，更多地结合自身的资产状况、现金创造能力及其他市场竞争因素以判断是凭借高偿债能力继续调高杠杆还是为了获得内部融资进行投资而保持当前或较低的债务水平，相机决策的空间较大。反之，偿债能力弱的企业在进行资本结构决策时选择空间要小得多。因此可以推论，企业短期偿债能力尚不够强时，企业可能会因此而更关注同伴的决策行为，特别是能力水平相类似的同伴行为必然成为这些企业决策时的重要参考信息。但随着流动比率的进一步提高，在充裕的相机决策空间中，为避免过高的代理成本的产生或避免在使用中造成流动资产的无谓损失，企业反而会更谨慎地选择是否模仿同伴的融资方式，模仿意愿下降。故而在进行资本结构决策时，同伴效应可能会随着企业偿债能力的逐渐增强而有边际递减的倾向。由此，本书提出假设 H3.2。

H3.2：我国上市公司资本结构决策行业同伴效应随焦点企业偿债能力的增加而具有门槛，表现为边际递减的非线性形式。

（三）盈利能力

类似地，由于不同学者的研究有着不同的理论依据，盈利能力和成长性对资本结构的影响方向在实证研究结论中也时常不一致。盈利能力是企业获取利润的能力。基于融资优序理论来看，由于企业内部盈余的融资成本小于债权融资和股权融资，因此，盈利能力高的企业由于内部现金生成能力较强，对外部资金的依赖和需求较少，负债率较低。Miglo（2017）概括了企业债务和盈利之间的关系，指出盈利状况较好的企业会尽可能地使用内部融资的方式，而盈利状况较差的企业则因没有足够的盈余而时常需要进行外部融资，而债务融资是其中一种常用的方式。Chaplinsky 和 Niehaus（1993）、Harris 和 Raviv（1991）、陆正飞和辛宇（1998）、Booth 等（2001）、肖作平和吴世农（2002）、Aivazian 等（2005）得出的结论均支持这样的观点。然而，代理理论却认为债权融资可以减少经理对自由现金流的滥用，制约管理者的过度投资行为，降低代理成本（肖作平，2004；范从来和王海龙，2006）。同时，从权衡理论和破产观来看，盈利能力强的企业较之盈利能力弱的企业对负债相关的财务风险的接受度更高，并且其破产风险较低，在寻找外部资金来源时更易获得信任和更好的负债发行条款，因此，盈利能力强的企业应该具有较高的负债水平（肖作平，2004）。洪锡熙和沈艺峰（2000）的实证结果也支持盈利能力对企业的负债率有正向影响的结论。

与前文的分析相似，尽管学者们研究的结论并不一致，但企业财务决策最终要由决策者权衡各种因素后做出，盈利能力强的企业决策者的相机决策空间更大。总体来说，随着企业盈利能力的增强，该企业的营销能力、获取现金能力、降低成本能力和风险回避能力都会随之增强，因此，企业决策者在进行资本结构决策时将更多地基于自身的状况，而非参照同伴的行为。从另一个侧面来说，企业盈利能力越强，参与市场竞争的能力越强，企业的市场地位往往也会越高，同伴企业的影响会随之降低，甚至该企业的决策可能会成为其他（盈利能力和市场地位更低的）同伴企业学习和模仿的对象。因此，推测资本结构同伴效应可能会随着企业盈利能力的提高而呈现边际递减的趋势。据此，本书提出假设 H3.3。

H3.3：我国上市公司资本结构决策行业同伴效应随焦点企业盈利能力的提升而具有门槛，表现为边际递减的非线性形式。

（四）成长性

企业成长性体现的是市场对企业未来价值的判断，它与企业盈利性、企业年龄及行业前景等有密切联系。基于不同的理论，很多学者关注了企业成长性与资本结构决策之间的关系，但得到的实证结论差异性很大。从权衡理论的视角，成长性更强的企业往往处在创业期，规模有限，面临的风险更大，有较高的财务困境成本，也较难获得债务资金来源，因此其负债率较低。融资优序理论认为，成长性更高的企业对资金的需求量较大，自身的留存收益不足以支持企业的扩张，因此会选择外部融资中成本较低的债务融资方式，造成负债率的上升。代理理论则认为，由于对企业未来价值的增长有信心，采用股权融资可能会造成控制权的稀释而损害原股东的利益，因此企业会更多地选择债务融资形式。从实证结果上看，陆正飞和辛宇（1998）发现二者之间不存在显著关系，Chaplinsky 和 Niehaus（1993）认为成长机会对企业杠杆率有不显著的负向影响，肖作平和吴世农（2002）、Aivazian 等（2005）发现这种负向影响是显著的。Lang 等（1996）指出，企业的负债情况本身并不会使具有良好投资机会的企业成长速度减缓，但是当企业的成长机会不被他人认同，或被认为不足以抵消由于高负债而带来的风险时，成长性和企业杠杆之间的关系负相关。Harris 和 Raviv（1991）得到相反的实证结果，认为企业负债率会随着成长机会的增加而增加。

然而，在实际企业经营过程中，不论学者们的研究结论如何，不可否认的是企业的成长性越高，决策者越有动机去充分利用债务的税盾效应，为了抓住投资机会去进行各种融资，进行资本结构的调整（Elsas et al.，2014）。快速成长的企业在未来的投资选择上拥有更大的灵活性，短期债务可以有效降低由此而产生的代理成本，即成长性与债务期限存在负向的相关关系（杨洋，2015），因此，管理者会有强烈的动机努力优化企业的资本结构，寻找最佳的融资方式。同时，从竞争的角度来看，高成长性的企业在核心竞争力的塑造上也各有优势，考虑到未来的发展，为了维持自己的市场竞争地位，势必更多地关注同伴企业的决策和行业的发展状况，基于竞争对手的情况来选择自己的应对行为，对同伴的行为越敏感。Scharfstein 和 Stein（1990）早已指出，当投资前景不确定性很强时，管理者的羊群行为会越发严重，即资本结构同伴效应可能会随着企业成长性的增强而呈现边际递增的趋势。由此，本书提出假设 H3.4。

H3.4：我国上市公司资本结构决策行业同伴效应随焦点企业成长性的增强而具有门槛，表现为边际递增的非线性形式。

（五）焦点企业特征门槛的调节因素

根据前文论述，企业的产权性质、产业性质和所属股票交易市场的差异会对企业资本结构决策行业同伴效应的强度大小产生调节作用，而企业在做出资本结构决策时，企业特征因素和其他影响因素已被纳入自身的决策函数当中。因此，当从同伴效应的异质性视角来看时，上述三种因素的调节作用不仅依然存在，还会进一步影响同伴效应在某一特定企业特征变量上的门槛特征，使同伴效应的非线性形式发生转变。

例如，国有企业的规模较小时，多为企业创始期，多有政府扶持，因而更多考虑自身特征来决定资本结构，对同伴企业行为的敏感性相对较弱。随着企业规模逐渐增大，公司决策者出于参与市场竞争的考虑，会更多地关注同伴行为传递的信息，模仿动机增强，因此同伴效应会逐渐增强。国有企业的规模发展到很大时，往往处于市场领先者地位或成为行业寡头之一，其资本结构决策成为其他企业模仿和学习的对象，因此同伴效应将会下降。因此，国有企业中资本结构决策同伴效应的边际作用可能随着焦点企业规模的扩大而可能出现先增强后减弱的非线性特征。而对非国有企业而言，由于在成立之初就不存在政府扶持等因素，且许多学者业已证实同伴效应会单向发生在规模更小、欠成功的企业身上，它们会更倾向于向规模更大、更成功的同伴企业进行模仿和学习。因此，随着焦点企业规模的扩大，非国有企业中资本结构决策的同伴效应可能呈现边际递减的非线性形式。但考虑到不同的企业特征时，同伴效应影响的非线性形式表现出的具体形态可能是复杂多变的，难以做出十分准确的预期。

因此，本书分别为 H3.1，H3.2，H3.3，H3-4 继续提出假设 a，b，c。

H3.（1~4）a：企业产权性质对我国上市公司资本结构决策的行业同伴效应在焦点企业规模/偿债能力/盈利能力/成长性上的门槛特征具有调节作用。

H3.（1~4）b：企业所属产业性质对我国上市公司资本结构决策的行业同伴效应在焦点企业规模/偿债能力/盈利能力/成长性上的门槛特征

具有调节作用。

H3. (1~4) c：企业所属股票交易市场对我国上市公司资本结构决策的行业同伴效应在焦点企业规模 / 偿债能力 / 盈利能力 / 成长性上的门槛特征具有调节作用。

三、行业同伴效应的门槛：同伴企业行为

前文已通过理论分析说明我国上市公司的资本结构决策在行业层面上存在同伴效应。当同伴企业资产负债率持续升高时，焦点企业决策者可能将其理解为行业投资前景看好的正面信号，从而激发跟从同伴的行为的动机。但是，当同伴企业资产负债率持续升高至较高水平时，焦点企业决策者在同时考虑自身公司特征和其他影响因素的情况下，可能会将这种杠杆的提升理解为一种负面信号，因为资产负债率过高对于企业而言是一种较高的风险，学习和模仿的价值较低。因此焦点企业的决策者在观察到同伴企业资产负债率持续增高至超过自身可接受程度时，可能会降低学习的"力度"或减少模仿同伴的行为，减缓自身企业负债率的上升速度，甚至可能降低企业的资产负债率。此时，资本结构决策行业同伴效应对焦点企业的影响从门槛的视角来看可能表现为边际递减的非线性形式。

鉴于此，本书进一步提出假设 H4.1。

H4.1：我国上市公司资本结构决策的行业同伴效应随同伴企业资产负债率的提高而具有门槛，表现为边际递减的非线性形式。

在对假设 H2.1，H2.2，H2.3 的理论分析中已论证，企业产权性质、所属产业性质和所属股票交易市场的差异会对资本结构决策的行业同伴效应产生调节作用，影响同伴效应的强度或方向。而从同伴行为门槛的视角来看，这三个调节因素还可能影响同伴效应非线性形式的具体表现。由此，本书提出假设 H4.2a，H4.2b，H4.2c。

H4.2a：我国上市公司资本结构决策的行业同伴效应在同伴企业资本结构上的门槛特征受到企业产权性质的调节。

H4.2b：我国上市公司资本结构决策的行业同伴效应在同伴企业资本结构上的门槛特征受到企业所属产业性质的调节。

H4.2c：我国上市公司资本结构决策的行业同伴效应在同伴企业资本结构上的门槛特征受到企业所属股票交易市场的调节。

四、行业同伴效应的门槛：行业竞争

Brander 和 Lewis（1986）很早就发现，企业在产品市场上的竞争行为会受到企业资本结构的制约，同时，企业的竞争表现也会反过来影响企业的资本结构决策。动态竞争理论指出，竞争是一个动态的过程，而非静态的市场结果。企业间的竞争是竞争双方反复交替的长期动态互动过程（张天宇和钟田丽，2018），是基于竞争对手的情况来选择自己应对行为的过程以及发生在企业竞争战略层面的互动与调整。当竞争者发起"攻击"时，企业会及时做出反应，结合攻击行为的特征、竞争者的特征、自身的状况和环境来决定采取何种"反击"行动，以达成期望中的竞争结果，如市场占有率、销售额或投资回报的增加等。企业最终追求的是在竞争中盈利，企业的负债水平与产品市场的竞争有着密切的关系，是一种战略决策，是给定竞争者的战略负债水平之后做出的最优决策（屈耀辉 等，2007；陈晓红 等，2010；钟田丽和张天宇，2017）。Manski（2000）指出，这种互动过程会改变企业决策时的偏好排序，即促使同伴效应的产生。可以进一步推论，行业中企业间的竞争越激烈，这种互动就越频繁，企业进行决策时就会越重视竞争对手的举动，对自己的偏好排序影响更大。

Park 等（2017）以特异股票收益为工具变量对此进行了实证研究，发现企业的投资决策会受到同伴组群中其他企业投资决策的影响，焦点企业对同伴企业投资决策的敏感性同行业竞争程度呈 U 形关系，中等竞争强度的市场上同伴效应最低。这是目前不多见的直接指出财务决策中同伴效应与行业竞争性之间非线性形式的实证结论。王磊等（2018）发现同伴行为可能具有负外部性，行业竞争性越强，企业投资决策受行业领导者虚构利润的影响越大。由于行业的竞争性存在差异，企业的管理者在进行财务决策时对外部信息的依赖程度也不尽相同。竞争程度越高的行业，竞争对手的行为对企业可能产生的影响越大，决策者对外部信息的需求会更大，因此，他们会更密切地关注同伴企业资本结构的变化，以便在激烈的市场竞争中能够快速做出反应（陆蓉 等，2017）。换言之，随着行业竞争的加剧，企业资本结构决策同伴效应可能存在边际递增的非线性形式。结合以上分析，本书提出假设 H5.1。

H5.1：我国上市公司资本结构决策行业同伴效应随行业竞争性的增强而具有门槛，表现为边际递增的非线性形式。

在参与行业竞争时，建立了某种政治关联的企业可以通过这种关联尝试获取各种有形资源和无形资源，包括金融资本和政策导向等，更容易争取到优惠的贷款利率和更长的债务期限等（赵宇恒 等，2016），当企业陷入财务困境时，政府也更易对其进行救助（Faccio et al.，2006）。我国的国有企业往往承担了较多政策性负担，与政府天然具有更多联系，常常可以获得更便捷的债务融资渠道。融资约束的减少使得企业有更大的可能抓住投资机会、在行业竞争中采取最优竞争策略，增加企业的价值（徐龙炳和李科，2010），即政治关系可能通过对融资约束的影响促使企业更积极地参与行业竞争（李科和徐龙炳，2009），存在融资约束的企业所建立的政治关系更深地影响了行业竞争对资本结构的敏感性。

同时，由于国有控股企业的融资约束程度相对民营控股企业来说更低，国企的高管在拥有实际控制权的情况下会有较强的侵占动机。他们常会选择更高的负债率，通过杠杆效应来提高现金流权的收益，并利用过度投资和增加在职消费等方式来谋求私人利益的增加（刘井建 等，2015）。现有研究已证实，市场竞争会触发企业的过度投资行为，二者呈正相关关系（章琳一和张洪辉，2015）。企业的过度投资行为的驱动原因具有差异，在竞争激烈的行业中，企业（或管理者）的过度投资源于竞争压力的迫使，在竞争不激烈的行业中，企业（或管理者）同样会出现过度投资，但多是企业（或管理者）主动而为之，行业竞争程度中等的情况下，竞争对过度投资的影响不显著。

综上可知，国有企业在参与行业竞争时拥有更充分的政治资源优势，可以帮助其降低融资约束，增加财务风险发生时的救助保障，使企业取得竞争优势地位的提升。行业竞争越激烈，这种政治关联带来的优势就越明显，而同伴行为的溢出作用更会加剧国有企业提高杠杆的趋势。行业竞争越激烈，为管理者提供的过度投资的机会越多，同伴企业之间通过相互观察和社会互动能够带来的信息就越有价值。管理者特别是国有企业的管理者出于侵占目的而做出的提高杠杆的行为，通过溢出效应可能会在同伴企业间进一步扩散，造成决策行为趋同。由于竞争不激烈的行业中同样有可能出现过度投资，因此，国有企业的资本结构决策同伴效应有可能呈现随行业竞争性的增加而边际递增或其他非线性形式。相比之下，非国有企业由于政治关联较少，对市场竞争和财务困境风险更为注重。虽然非国有企业的管理者同样具有很高的侵占动机，但由于监管更完善而相对不易达成。因此，更有可能出现产品市场竞争越激烈、企业投资效率越高的状况（刘晓华和张利红，2016）。企业此时在产品市场上更注重自身竞争优势的充分发挥，在选择融资方式时也会更多地基于自身的实际情况来决定，因此融资同伴效应反而有可能会边际递减或以其他更复杂的非线性形式而存在。

由此，本书提出假设 H5.2。

H5.2：企业产权性质对我国上市公司资本结构决策行业同伴效应在行业竞争性上的门槛具有调节作用。

本章小结

本章构建了后文的研究框架，并对研究问题进行了详细的理论分析。

首先，本章从理论层面分析了企业资本结构决策中同伴效应的存在性，包括行业同伴效应和区域同伴效应。同时，根据分析得出，企业在同伴群体中获取信息、学习同伴的行为的最终目的是为企业制定最优竞争战略服务。由于行业对其内部企业的盈利水平具有决定意义，因此行业同伴所传递的信息对企业的价值更大，行业同伴的影响程度更大，同伴效应发挥作用的主要路径是基于行业内竞争而产生的学习和模仿。

其次，本章结合我国特有的制度背景分析了可能对企业资本结构行业同伴效应产生调节的几方面因素，包括产权性质、行业在三大产业中的归属，以及企业所处的股票交易市场。

最后，本章将同伴效应理解为一种空间经济现象，从行业空间溢出的视角分析了企业之间决策行为的相关性，探讨了企业资本结构决策同伴效应在门槛特征方面的异质性，提出了同伴效应具有焦点企业特征门槛、同伴行为门槛和行业竞争性门槛，并分析了在考虑不同门槛变量时，同伴效应的非线性形式。由于企业的产权属性、产业性质和所在的股票交易市场会对行业同伴效应产生调节作用，本章也继续分析了它们可能对上述门槛特征产生的影响。

综合本章的理论分析，形成的研究假设如表 3.1 所示。

表 3.1　研究假设汇总

理论	假设
企业资本结构决策中同伴效应的存在性	H1.1：我国上市公司在进行资本结构决策时存在行业同伴效应。 H1.2：我国上市公司在进行资本结构决策时存在区域同伴效应。 H1.3：相对而言，我国上市公司资本结构决策中行业同伴的影响比区域同伴的影响更大，即同伴效应发挥作用的主要路径是基于行业内竞争而产生的学习和模仿
企业资本结构决策行业同伴效应的调节因素	H2.1：我国上市公司中国有企业的资本结构决策行业同伴效应高于非国有企业。 H2.2：我国上市公司中第二、第三产业企业的资本结构决策行业同伴效应高于第一产业。 H2.3：我国上市公司中主板企业的资本结构决策行业同伴效应高于中小企业板和创业板企业

续表

企业资本结构决策行业同伴效应的异质性（门槛特征）	行业同伴效应的门槛：焦点企业特征	H3.1：我国上市公司资本结构决策行业同伴效应随焦点企业规模的增大而具有门槛，表现为边际递减的非线性形式。 H3.2：我国上市公司资本结构决策行业同伴效应随焦点企业偿债能力的增加而具有门槛，表现为边际递减的非线性形式。
		H3.3：我国上市公司资本结构决策行业同伴效应随焦点企业盈利能力的提升而具有门槛，表现为边际递减的非线性形式。 H3.4：我国上市公司资本结构决策行业同伴效应随焦点企业成长性的增强而具有门槛，表现为边际递增的非线性形式。 H3.（1~4）a：企业产权性质对我国上市公司资本结构决策的行业同伴效应在焦点企业规模/偿债能力/盈利能力/成长性上的门槛特征具有调节作用。 H3.（1~4）b：企业所属产业性质对我国上市公司资本结构决策的行业同伴效应在焦点企业规模/偿债能力/盈利能力/成长性上的门槛特征具有调节作用。 H3.（1~4）c：企业所属股票交易市场对我国上市公司资本结构决策的行业同伴效应在焦点企业规模/偿债能力/盈利能力/成长性上的门槛特征具有调节作用
	行业同伴效应的门槛：同伴企业行为	H4.1：我国上市公司资本结构决策的行业同伴效应随同伴企业资产负债率的提高而具有门槛，表现为边际递减的非线性形式。 H4.2a：我国上市公司资本结构决策的行业同伴效应在同伴企业资本结构上的门槛特征受到企业产权性质的调节。 H4.2b：我国上市公司资本结构决策的行业同伴效应在同伴企业资本结构上的门槛特征受到企业所属产业性质的调节。 H4.2c：我国上市公司资本结构决策的行业同伴效应在同伴企业资本结构上的门槛特征受到企业所属股票交易市场的调节
	行业同伴效应的门槛：行业竞争	H5.1：我国上市公司资本结构决策行业同伴效应随行业竞争性的增强而具有门槛，表现为边际递增的非线性形式。 H5.2：企业产权性质对我国上市公司资本结构决策行业空间同伴效应在行业竞争性上的门槛具有调节作用

第四章　研究设计

在第三章中，已对研究问题进行了理论分析并提出了相应的研究假设。若要验证这些假设，需要规范的研究设计和严谨的研究方法。本章将从样本选择与数据来源、变量选择、实证模型，以及样本描述性统计分析等方面具体介绍后续实证研究的开展过程。

第一节　样本选择与数据来源

本书数据来自 CSMAR 数据库和 Wind 数据库。由于我国在 2007 年开始使用新的会计准则编制财务报表，为避免新旧会计准则的差异对数据分析结果的影响，在考虑到研究需要将自变量滞后一期的情况下，本书选取的研究样本为沪深两市 A 股非金融上市公司 2009—2017 年间的年度财务数据与股价数据，财务数据来自企业年度报告。

本书对原始数据进行了如下筛选：①剔除所有金融类上市公司，包括银行和证券、保险等其他金融上市公司；②剔除研究区间内 ST 或者 *ST 等公司；③由于上市时间的不统一，加之有企业退市，本书将非平衡面板数据转化为平衡面板数据。

在行业分类上，本书根据中国证监会行业三级分类标准进行分类，同时为了保证每个行业至少有两个企业，对数据进行筛选。

上市公司的分类标准是该公司某类业务的营业收入占总收入的比重，当某类业务占营业收入的比重大于或等于 50% 的时候，就将公司划入该业务所对应的类别；当公司没有收入比重大于 50% 的业务时，如果有一项业务 A 占营业的比重，比其他任何一项业务 B，C，D 占收入的比重都高出 30%，则将公司划入 A 业务所对应的类别；除以上两种情况之外的，划为综合类。

最后共得到 8442 个公司一年度观察值，其中包括 938 家上市企业、26 个行业，每个行业至少有 2 家企业，平均每个行业有 324.69 个观测值。

第二节　变量选择

一、被解释变量与解释变量

（一）被解释变量：资产负债率

本书选择焦点企业的资产负债率（debt asset ration，DAR）作为被解释变量。企业的资本结构是指企业各种资金的来源构成及其比例关系，由长期债务资本和权益资本构成，因此资本结构完全可以通过企业的资产负债率得到合理反映（刘志彪 等，2003；钟田丽和张天宇，2017）。企业的资产负债率即举债经营比率，主要用以衡量企业利用债权人提供资金进行经营活动的能力，也能够反映债权人发放贷款的安全程度，还可以衡量企业在清算时对债权人利益的保护程度。企业的资本结构决策需要基于企业外部环境和内部环境的变化，不断适时地对企业的资本结构进行动态调整，以适应企业内外部环境的变化，使企业处于目标资本结构水平，保证企业处于财务安全状态，实现企业价值最大化（姜付秀 等，2008）。

（二）解释变量

企业间的同伴效应是本研究分析的重要内容。通过前文的理论分析，同伴企业的资本结构决策是影响焦点企业自身资本结构决策的重要因素，同时，同伴企业的特征也会影响焦点企业的资本结构决策。因此，本研究将同伴效应界定为，同伴企业的资本结构决策及企业特征对焦点企业的影响，只要二者发生其一，即认为存在同伴效应。在同伴群体的选择上，由于本书分别对行业同伴效应和区域同伴效应进行了分析，因此，在行业同伴效应的相关研究中选择同行业的企业作为同伴企业，在区域同伴效应部分中选择办公地点在同一省份的企业作为同伴企业。

根据前文理论分析及研究内容所需，本书拟采用不同的实证模型分别验证我国上市公司中资本结构决策行业和区域同伴效应的存在，以及同伴效应门槛的存在，故本书分别为上述检验选择不同的解释变量。

第一，在验证行业同伴效应存在性时，本书拟首先采用较多学者利用的参照组内均值线性模型。借鉴相关文献（Leary and Roberts，2014；钟田丽和张天宇，2017），本书选择除焦点企业自身外同行业企业资产负债率的均值（PDAR）表示同伴企业行为的影响，以此作为主要解释变量；选择除焦点企业自身外同行业企业在规模、偿债能力、盈利能力、成长性等特征上的均值表示同伴企业特征的影响，并将其作为次要解释变量。

第二，本书拟采用空间 Durbin 模型验证区域同伴效应的存在，并同时用此方法再次检验行业同伴效应的存在性。在此部分中，将分别构建区域空间权重矩阵和行业空间权重矩阵来表示同伴企业行为的溢出效应，并用权重矩阵与决定企业资本结构的主要因素构建交叉项。因此，本书在此部分中选择现有文献中常用（焦点）企业的相关特征变量作为解释变量，包括企业规模（PTA）、偿债能力（PCR 和 PQR）、盈利能力（PROTA）和成长性（PEPSR）（Harris and Raviv，1991；Aivazian et al.，2005；肖作平和吴世农，2002；Leary and Roberts，2014；钟田丽和张天宇，2017；张天宇和钟田丽，2019；陆蓉等，2017）。

第三，在进行同伴效应门槛效应分析时，本书拟构建面板门槛回归模型（PTR）。在进行回归时，首先需要确定以哪个变量为门槛；其次进行门槛检验，以判断是否存在门槛效应，并且确定门槛值的数量和大小；最后对模型进行估计，以衡量门槛变量在不同范围内（由门槛值的数量和大小决定）变动时，同伴企业的决策对焦点企业决策的影响。在此部分中，参考现有资本结构决策影响因素的研究文献，本书首先选择预期会影响资本结构决策同伴效应变化的几方面因素分别作为门槛变量，包括焦点企业特征（企业规模、偿债能力、盈利能力和成长性）、同伴企业资产负债率和行业竞争性；其次选择同伴企业资产负债率作为表征同伴效应的核心自变量，逐一检验同伴效应随着门槛变量的变化而表现出的非线性特征；最后选择同伴企业的相关特征变量作为次要自变量进行回归（Harris and Raviv，1991；Aivazian et al.，2005；肖作平和吴世农，2002；Leary and Roberts，2014；陆蓉 等，2017；钟田丽和张天宇，2017；张天宇和钟田丽，2019）。

二、调节变量

本书涉及的调节变量主要有以下 3 个。

（一）产权性质

我国特有的制度背景导致国有企业与非国有企业在内部公司治理、外部公司风险，以及公司行为等方面存在较大差异。因此，本书拟考察产权性质的差异是否会造成企业之间的资本结构决策同伴效应发生变化。

（二）产业性质

由于各行各业的发展模式迥异，考虑到行业之间的差异和三大产业在国民经济中的地位，本书拟将这些行业按三大产业进行分类，考察资本结构决策同伴效应在不同产业层次的行业中是否存在差异。

（三）股票交易市场

在不同股票交易市场上市的企业由于在自身企业规模、治理结构、盈利能力、成长性等方面存在明显差异，因此在进行财务决策时的表现也各不相同。本书拟考察在主板、中小企业板和创业板上市的企业中，资本结构决策同伴效应是否存在差异。

三、控制变量

本书重点考察同伴效应在焦点企业资本结构决策中的影响，因此，在控制变量的选择上，本书主要选择了焦点企业的规模、偿债能力、盈利能力、成长性等特征因素作为控制变量（吕长江和韩慧博，2001；陈超和饶育蕾，2003；陈德萍和曾智海，2012；Leary and Roberts，2014；陆蓉 等，2017；钟田丽和张天宇，2017）。

（一）企业规模

大量研究表明，企业规模是影响企业资本结构决策的重要因素。尽管现有的经验研究并未获得一致的结论，但从权衡理论和代理理论视角来看，企业规模较大时，更宜采用多元化经营模式，经营现金流较为稳定，不易陷入财务困境。大型企业更倾向进行更多的信息披露，因此监督成本较少，更易获得债权人的信任，有更强的借贷能力。因而，企业规模与资本负债率之间可能为正相关关系。许多学者选择用企业总资产的对数来衡量企业规模（Titman and Wessels，1988；吕长江和韩慧博，2001；钟田丽和张天宇，2017），因此，本书同样选择企业总资产的对数作为企业规模的代理变量，记为 TA。

（二）偿债能力

企业的偿债能力是影响其资本结构决策的重要因素（吕长江和韩慧博，2001；胡国柳和黄景贵，2006；陈德萍和曾智海，2012；钟田丽和张天宇，2017）。对于企业偿债能力的衡量，往往选择流动比率和速动比率。流动比率是流动资产对流动负债的比率，用来衡量企业流动资产在短期债务到期以前，可以变为现金用于偿还负债的能力。一般而言，流动比率越高，企业资产的变现能力越强，偿债能力也越强。速动比率是指企业速动资产与流动负债的比率，速动资产是企业的流动资产减去存货和预付费用后的余额，主要包括现金、短期投资、应收票据、应收账款等项目，是衡量企业流动资产中可以立即变现用于偿还流动负债的能力。过往研究得到的结论发现企业的偿债能力与资本结构之间的关系存在多种可能（肖作平，2004）。因此，本书选择流动比率和速动比率作为企业偿债能力的代理变量，记为 CR 和 QR。

（三）盈利能力

企业的盈利能力会显著影响其资本结构决策（洪锡熙和沈艺峰，2000；胡援成，2002；李宝仁和王振蓉；2003；黄贵海和宋敏，2004），盈利能力越强的企业，其资金可获能力也越强，特别是当企业缺少可抵押资产时，盈利能力能够部分起到信用抵押的作用（钟田丽和张天宇，2017）。盈利状况较好的企业会尽可能地使用内部融资的方式，而盈利状况较差的企业则因没有足够的盈余而时常需要进行外部融资，而债务融资是其中很常用的方式（Miglo，2017）。本书选择总资产收益率来表征企业的盈利能力，记为 ROTA。

（四）成长性

企业的成长性往往被认为是影响其资本结构决策的重要因素（童勇，2006；赖晓东和赖微微，2008；宋献中 等，2014）。权衡理论认为成长性较强的企业其负债率往往较低，因为它们往往处于创业期，面临的风险大，财务困境成本较高，较难获得债务人的青睐。融资优序理论和代理理论则持相反的观点。成长性更强的企业对资金的需求量较大，自身的留存收益不足以支持企业的扩张，因此会选择外部融资中成本较低的债务融资方式，造成负债率的上升。由于企业未来价值的增长看好，采用股权融资可能会造成控制权的稀释而损害原股东的利益，因此企业会更多地选择债务融资形式。实证的结果也表明成长性和企业杠杆率的关系存在多种可能性。不同成长阶段的企业在进行资本结构决策时往往会考虑每股收益（EPS）

增长率，因此，本书选择企业的 EPS 增长率来衡量企业的成长性，记为 EPSR。

本书主要变量、名称、符号和定义如表 4.1 所示。

表 4.1　变量、名称、符号和定义

变量		名称	符号	定义
被解释变量	焦点企业资本结构决策	资产负债率	DAR	企业总资产和总负债的比率
解释变量	同伴企业资本结构决策	同伴企业资产负债率	PDAR	除本企业外同行业其他企业资产负债率的均值
	同伴企业规模	同伴企业总资产	PTA	除本企业外同行业其他企业总资产的均值的对数
	同伴企业偿债能力	同伴企业流动比率	PCR	除本企业外同行业其他企业流动速率的均值
		同伴企业速动比率	PQR	除本企业外同行业其他企业速动比率的均值
	同伴企业盈利能力	同伴企业总资产收益率	PROTA	除本企业外同行业其他企业总资产收益率的均值
	同伴企业成长性	同伴企业 EPS 增长率	PEPSR	除本企业外同行业其他企业资产 EPS 增长率的均值
控制变量	焦点企业规模	总资产	TA	企业总资产的对数
	焦点企业偿债能力	流动比率	CR	企业流动资产对流动负债的比率
		速动比率	QR	企业速动资产与流动负债的比率
	焦点企业盈利能力	总资产收益率	ROTA	净利润与平均资产总额的比率
	焦点企业成长性	EPS 增长率	EPSR	本期和上期每股收益之差与上期每股收益的比率

第三节　实证模型

一、行业同伴效应的存在性及调节因素

本部分拟采用大多数学者沿用的方法，以 Manski（1993）提出的基本组内线性均值模型形式为依据进行估计。

$$y=\alpha+\beta E(y|x)+E(z|x)'\gamma+z'\eta+u, E(u|x,z)=x'\delta \tag{4.1}$$

式中，y 表示产出（即可观察到的企业的行为改变结果），在本研究中即焦点企业的资产负债率；x 表示同伴企业的特征，z 表示焦点企业个体的特征，在本研究中分别选取公司规模、企业流动比率、企业速动比率、企业总资产收益率和企业增长率，其中 x 取同伴企业各特征变量的均值加入回归；u 表示未观测到的可能与企业决策有关的个体特征。若 $\beta \neq 0$，则可以确认内生效应的存在，即真实的同伴效应的存在；$\gamma \neq 0$ 表示外生效应的存在，$\delta \neq 0$ 表示相关效应的存在；$\eta \neq 0$ 则提示企业的最终决策变更是由于自身的特征发生变化而导致的。

根据已有研究，在不考虑同伴企业影响的情况下，本企业的资本结构决策受到企业自身特征的影响，即

$$DAR_{i,j,t}=k+\alpha_1 TA_{i,j,t}+\alpha_2 CR_{i,j,t}+\alpha_3 QR_{i,j,t}+$$
$$\alpha_4 ROTA_{i,j,t}+\alpha_5 EPSR_{i,j,t}+\varepsilon_{i,j,t} \tag{4.2}$$

在考虑了同伴企业的影响后，本小节根据参照组内均值线性（Linear-in-Means）模型（Manski，1993），构建如下实证模型：

$$DAR_{i,j,t}=k+\alpha_1 TA_{i,j,t}+\alpha_2 CR_{i,j,t}+\alpha_3 QR_{i,j,t}+\alpha_4 ROTA_{i,j,t}+$$
$$\alpha_5 EPSR_{i,j,t}+\beta_0 PDAR_{i,j,t}+\beta_1 PTA_{i,j,t}+\beta_2 PCR_{i,j,t}+$$
$$\beta_3 PQR_{i,j,t}+\beta_4 PROTA_{i,j,t}+\beta_5 PEPSR_{i,j,t}+\varepsilon_{i,j,t} \tag{4.3}$$

式中，i、j 和 t 分别表示企业、行业和时间；α 表示企业自身特征对企业资本结构决策的影响；β 表示同伴企业的资本结构决策和相关特征对本企业的影响，本研究重点关注系数 β 的大小。如果 β 不显著为 0，则认为企

业的资本结构决策受到同伴效应的显著影响（Manski，1993）。

在验证行业同伴效应的存在性后，将所有企业分别按照国有企业与非国有企业、所在行业在三大产业中的归属、股票交易市场进行分组，以考察同伴效应在不同类型上市公司资本结构决策中的异质性表现。

通常，在实证研究中采用参照组内均值线性模型对系数 β 进行估计时常会存在以下三类内生性问题（钟田丽和张天宇，2017）。

第一类内生性问题是，有可能存在焦点企业资本结构决策与同伴企业资本结构决策互为因果的映射问题。Manski（1993）将这种内生问题形容为，类似于解释一个人和他在镜子里的映像几乎同时发生的动作，镜像是引起了人的动作还是反映了人的动作？他提出，确定社会影响中内生效应（即前文所述 Manski 所认为的真正的同伴效应）的方法唯有发展更严密的理论或收集更丰富的数据，且实验数据和主观数据将发挥更大的作用。而在当前针对资本结构决策中同伴效应存在性的实证研究中，学者们大多选择使用工具变量的方式来解决，国内现有文献基本参考 Leary 和 Roberts（2014）采用股票特质收益波动作为资本结构的工具变量（陆蓉等，2017；钟田丽和张天宇，2017；张天宇和钟田丽，2019；巩鑫和唐文琳，2020）。工具变量选择时需要同时具备相关性和外生性两个条件，然而，从多位学者实证研究的结果上看，股票特质收益波动并非一个十分完美的工具变量，它与其他影响焦点企业资本结构选择的因素关联性并非完全不存在，因此仅被学者们谨慎地认为其满足工具变量的条件。如 Leary 和 Roberts（2014）检验发现，行业同伴企业股票特质收益波动的无条件均值仅是近似于 0，焦点企业的股票收益与行业同伴平均股票收益（不包括焦点企业在内）的相关系数为 0.37，焦点企业的股票特质收益波动与行业同伴企业平均股票特质收益波动之间的相关系数为 0.02。对行业同伴企业平均股票特质收益波动与其他影响焦点企业资本结构选择的特征因素的相关性进行回归验证，发现大部分因素的估计系数很小且不显著，但盈利能力指标的系数估计通过了 t 检验，且模型的调整后 R^2 为 0.128。钟田丽和张天宇（2017）做了同样的验证，发现成长性指标的系数通过了 t 检验，

其模型调整后 R^2 为 0.04。郑磊（2015）提出了两个解决映射问题的方法，一是工具变量法，二是用滞后值代替当期值的方法，其出发点均是寻找能够对同伴行为的均值产生影响，但不直接影响个体行为的变量（杜育红和袁玉芝，2016）。因此，本书在进行实证分析时将采用所有自变量和控制变量滞后一期的方式来尽可能解决映射问题，并在后文中尝试采用针对非独立样本的空间计量模型来再次验证行业同伴效应的存在。

第二类内生性问题是有可能存在关联效应，即可能存在某些遗漏变量与自变量或控制变量相关的问题。结合 Manski（1993）的观点，真正的同伴效应反映企业的资本结构调整行为之所以表现相似，是因为受到了同伴的影响，即企业资本结构决策是基于自身状况对同伴行为产生的内生反应。关联效应并非真正意义上的同伴效应，因为它意味着企业资本结构决策表现相似是由外部因素导致的，如处于类似的市场环境、面对共同的政策等。为排除关联效应的影响，当前学者们常用的方法是在模型中加入行业和时间固定效应或增加相关控制变量，钟田丽和张天宇（2017）还利用了工具变量和其他间接区分方法。本书在实证研究同伴效应对企业资本结构决策的影响时，首先利用加入行业和时间固定效应，并对面板数据进行一阶差分处理的方式来尽可能消除不随时间变化的行业特征，以此减弱遗漏变量带来的内生性问题，在一定程度上控制关联效应。其次由于我国在2016 年开始将"去杠杆"作为经济工作的重点任务，为排除这一宏观经济政策的影响，本书利用 2009—2015 年的子样本做模型的稳健性检验，以验证排除该政策影响后是否依然存在同伴效应。最后根据 Manski（1993）的观点，关联效应表现为企业由于受到外部因素的影响，在进行资本结构决策时会表现出在方向和变动幅度上与同伴企业的决策保持一致或对称。借鉴钟田丽和张天宇（2017）的研究思路，若能证实焦点企业与同伴企业在进行资本结构决策时不存在这种一致性或对称性，即可说明在关联效应之外存在同伴效应。因此，本书将在后文中进一步尝试利用空间面板门槛回归模型来验证企业在进行资本结构决策时，会对同伴企业决策行为的不同变化程度在结合自身特征进行考虑后做出具有差异性的行为反应，并不具有一致性和对称性，以此为排除关联效应影响后依然存在同伴效应提供间接证据。

第三类内生性问题是参照组选择时可能存在的自选择现象。由于本书分析的同伴群组以行业（和地理位置）为划分标准，二者均是基于外生既定规则生成的外生参照组，故可以认为此情景下不存在自选择问题。

二、区域同伴效应的存在性

组内均值线性（linear-in-means）模型本质上是将组内均值作为变量加入模型进行计量估计，以此考察组内个体间的影响，这说明样本之间并非独立存在，样本的观测也缺乏独立性，普通最小二乘估计的结果是有偏的。同时，样本之间的非独立性也意味着个体之间往往存在关联网络，进而形成一个网络空间，为构建空间计量模型提供了可能。无论是行业还是地理区域，都可以被包括在广义的"空间"范畴中，空间是通过地理、经济、社会文化等不断交融的产物，而不是中立的几何图形，空间中的一切事物都具有或多或少的联系（Batty，1997；Hubbard，2002）。从这一视角来看，行业或区域同伴企业的决策对焦点企业决策的影响实际体现的是企业间决策的空间相关性，这种同伴效应在空间中表现为"溢出效应"。

相较于其他空间计量模型，空间Durbin模型的优点在于无论数据生成过程是SAR模型还是SEM模型，都能得到无偏估计，同时未对潜在的空间溢出效应的规模预先施加限制（Elhorst，2010a，2010b）。此外，本书重点考察同伴企业的资本结构决策对本企业资本结构决策的影响，同时同伴企业的企业特征也会对其产生影响，而空间Durbin模型不仅能够反映因变量的空间相关性，还能够考察自变量对因变量的空间影响。

基于上述考虑，本研究设置如下空间Durbin模型：

$$Y_{i,t} = \alpha_0 + \alpha X_{i,t} + \rho \sum_{j=1}^{N} \omega_{ij} Y_{i,t} + \beta \sum_{j=1}^{N} \omega_{ij} X_{i,t} + \varepsilon_{it} \qquad (4.4)$$

式中，$\sum_{j=1}^{N} \omega_{ij}$ 表示空间权重矩阵，是一个对角线为0的 N 阶对称矩阵，即 $\omega_{ij} = \omega_{ji}$，$\omega_{ij}$ 代表 i 企业和 j 企业的相关性；X 为焦点企业的相关特征，如

企业总资产的对数、流动比率、速动比率、总资产收益率和企业增长率；Y 为焦点企业的资产负债率；参数 ρ 衡量的是同伴企业的资产负债率对焦点企业资产负债率的影响，即企业间的同伴效应。

空间计量研究往往采用基于邻接概念而设定的 0-1 空间邻近矩阵、基于空间距离而设定的空间距离矩阵或基于区域间经济差异而设定的经济距离矩阵，但这些矩阵无法准确衡量上市企业间的同伴效应。前文理论分析已证实，上市企业在进行资本结构决策时，往往会考虑同行业企业的影响。此外，由于各地商会的存在，同一商会的企业及其高管往往交往更多、信息沟通更频繁，即具有较强的关联性。尽管所属行业不同，但这些企业仍能够通过当地商会交换信息，观察其他企业的决策行为并将其作为自身决策时的有用参考。因此，本书从区域和行业两个维度构建空间权重矩阵。

在区域矩阵方面，本书根据 CSMAR 数据库中上市公司办公地点所在地的信息进行构建，尽管部分上市公司的办公地点在改变，但是多数并没有在省域内发生改变，因此在构建具体的矩阵时，将办公地点在同一省份的企业定义为同伴企业，并令矩阵元素 ω_{ij} 的值为 1，表示企业 i 与企业 j 为同伴企业，而对角线元素均为 0；在行业矩阵方面，将同一行业的企业定义为同伴企业，并令矩阵元素 ω_{ij} 的值为 1，表示企业 i 与企业 j 为同伴企业，而对角线元素均为 0。行业矩阵的验证结果若成立，也可作为参照组内线性均值模型所验证的行业同伴效应存在的另一个有力佐证。

本书的区域矩阵 $\boldsymbol{W}_1$ 和行业矩阵 $\boldsymbol{W}_2$ 中元素 ω_{1ij} 和 ω_{2ij} 的设定如下：

$$\omega_{1ij} = \begin{cases} 1 & i \text{和} j \text{办公地点相同且} i \neq j \\ 0 & i \text{和} j \text{办公地点不同或} i = j \end{cases} \tag{4.5}$$

$$\omega_{2ij} = \begin{cases} 1 & i \text{和} j \text{行业相同且} i \neq j \\ 0 & i \text{和} j \text{行业不同或} i = j \end{cases} \tag{4.6}$$

三、行业同伴效应的门槛特征研究

各种前期研究已证实，同伴效应具有异质性。同伴企业的财务决策行为会对焦点企业的相应决策行为产生重要影响，焦点企业在决策时会将同伴企业的行为作为重要参考信息纳入自身的决策函数。由于焦点企业自身特征具有异质性，不同企业对同伴行为的响应程度也存在差异，因此同伴效应也应具有异质性。这样的异质性在考虑企业间财务决策的空间联系时同样存在，具体表现为随着焦点企业自身特征或同伴行为的变化，以及其他环境因素的变化而出现同伴效应边际作用的改变，即空间计量中的门槛特征。这意味着同伴效应的边际作用在上述因素（门槛变量）发生变化时可能存在转折点（门槛），当上述因素的变化处于不同区间（由门槛值和门槛的数量决定）时，焦点企业对同伴决策行为的敏感性各不相同，所受来自行业同伴的影响存在显著差异。同时，门槛特征还能进一步揭示同伴效应的存在形式究竟为线性还是非线性。

对于门槛效应的检验，已有研究往往采取分组检验或设定虚拟变量（Girma et al., 2001；Chen, 2003）抑或设定交叉项模型（Kinoshita, 2001；Griffith et al., 2002）的方式。分组检验往往是研究者根据自身的判断，人为选定分割点将样本分为若干组，再进行分组回归，这种做法的关键是如何确定合适的分割点。然而，目前的判断方式往往依照研究者的主观感受，尽管其中结合了已有研究，但对分割点合理性的检验依旧缺乏完备的科学依据。设定虚拟变量往往在考察区域差异时使用，尽管能够反映地区之间的差异情况的同时也具备一定的合理性，但是无法探究产生这种差异的具体原因。而设定交叉项模型的方法能够考察变量之间的相互作用，但是无法估计具体的门槛值，同时目前对交叉项设定的合理性仍缺乏完备的科学检验。因此，为探究上市企业同伴效应的门槛特征，本研究选择Hansen（1999）提出的面板门槛回归模型，其优点在于不仅可以检验是否存在门槛特征，并估计具体的门槛值，还能对其中的门槛效应进行显著性检验。

由于篇幅所限，本书在此部分中仅以前文建立的行业矩阵为基础构建门槛模型。考虑到门槛变量可能存在多个门槛值，因此本书设定的门槛模型如下：

$$Y_{i,t} = \beta_0 + \beta_{11} X_{\bar{i},t} \times I(TH_{i,t} \leq \delta_1) + \beta_{12} X_{\bar{i},t} \times I(\delta_1 < TH_{i,t} \leq \delta_2) + \cdots +$$
$$\beta_{1n} X_{\bar{i},t} \times I(\delta_{n-1} < TH_{i,t} \leq \delta_n) + \beta_{1(n+1)} X_{\bar{i},t} \times I(TH_{i,t} \geq \delta_n) + \beta_2 FC_{i,t} + \beta_3 X_{\bar{i},t}^- + \varepsilon_{i,t} \tag{4.7}$$

式中，因变量 $Y_{i,t}$ 表示 t 年焦点企业 i 的资产负债率；$TH_{i,t}$ 表示 t 年焦点企业 i 的门槛变量；$X_{\bar{i},t}$ 表示 t 年同伴企业 $\bar{i}$（组群中除焦点企业 i 以外的企业）的资产负债率，是影响 t 年焦点企业 i 决策行为的核心自变量，用以解释同伴效应；$I(\cdot)$ 为指标函数；δ_n 表示第 n 个门槛值；$FC_{i,t}$ 表示 t 年焦点企业 i 除门槛变量外的其他特征变量；$X_{\bar{i},t}$ 表示 t 年同伴企业 $\bar{i}$ 除资产负债率以外的其他特征变量；系数 β_{1n} 表示核心自变量 $X_{\bar{i},t}$ 随着门槛变量 $TH_{i,t}$ 的变化而在某个门槛范围内的边际作用大小，可以反映同伴效应随着门槛值的变化而表现出的非线性特征，也就是同伴效应随某变量的改变而表现出的门槛特征。

在进行面板门槛模型回归时，首先需要确定以哪个变量为门槛，其次进行门槛检验，以判断是否存在门槛效应，并且确定门槛值的数量和大小，最后对模型进行估计。对于面板门槛模型的估计，通常采用bootstrap法（自举法），为保证计量结果的一致性，设定统一的种子值300，并将研究所涉及的焦点企业特征变量（企业规模、偿债能力、盈利能力和成长性）、同伴企业资产负债率和行业竞争程度分别作为门槛变量进行检验，以衡量门槛变量在不同范围内变动时，同伴企业的决策对焦点企业资本结构决策的影响。

第四节　样本描述性统计分析

本书涉及所有变量的描述性统计如表4.2所示。从表4.2中可以看出，在将非平衡面板数据转化为平衡面板数据后，本研究共得到8442个公司一年度观察值，其中包括938家上市企业、26个行业，每个行业至少有2家企业。焦点企业与行业中的同伴企业在同一变量上不存在明显差异，这与理论预期相符。

表 4.2　研究涉及变量的描述性统计

变量	观测值	均值	标准差	最大值	最小值
DAR	8442	55.1185%	16.5979%	105.8640%	2.8195%
TA	8442	13.2612	1.3997	19.2962	9.0088
CR	8442	1.3436	0.9462	35.0203	0.0385
QR	8442	0.9382	0.8234	34.8784	0.0385
$ROTA$	8442	3.3030%	5.2670%	47.7017%	-64.4845%
$EPSR$	8442	-27.9647%	1708.8040%	119100.0000%	-48671.4000%
$PDAR$	8442	55.1185%	7.1545%	75.4270%	33.2152%
PTA	8442	14.1272	0.9865	16.7371	10.7241
PCR	8442	1.3436	0.3015	2.5945	0.7130
PQR	8442	0.9382	0.2525	2.4190	0.3463
$PROTA$	8442	3.3030%	1.8092%	14.5838%	-2.7589%
$PEPSR$	8442	-27.9647%	242.1848%	1303.7070%	-1149.4400%

注: 数据来源于 CSMAR 数据库和 Wind 数据库。

从描述性统计结果可以看出，中国沪深 A 股上市公司 (不包含金融股) 的平均资产负债率为 55.1185%，这说明企业的总负债金额占总资产的 55% 左右，即企业所有资产所对应的资金有 55% 是由债权人注入的，这也说明了多数上市公司的经营理念是稳健型，略趋于保守。

由于上市公司的资产负债率会因产权性质 (国有企业、非国有企业)、产业性质 (第一产业、第二产业、第三产业) 和股票交易市场 (主板、创业板、中小企业板) 等因素的不同而表现出差异，因此本书将按照以上分类方式进行划分，描述性统计如表 4.3 所示。

表 4.3　上市公司资产负债率的异质性描述性统计

变量	观测值	均值 /%	标准差 /%	最大值 /%	最小值 /%
国有企业	4446	58.2835	16.3156	98.1978	7.7738
非国有企业	3996	51.5971	16.1970	105.8640	2.8195
第一产业	333	46.6855	16.3802	93.7174	10.6485
第二产业	5553	54.9634	16.2572	105.864	2.8195
第三产业	2556	56.5543	17.0170	95.0068	8.4128
主板	5994	55.5052	16.4819	98.1978	2.8195
创业板	450	52.3301	17.0072	94.5045	10.4481
中小企业板	1998	54.5866	16.7838	105.864	7.1145

注：数据来源于 CSMAR 数据库和 Wind 数据库。

　　从表 4.3 中的结果可知，无论是按照产权性质还是产业性质抑或股票交易市场进行划分，上市公司的资产负债率都存在明显的差异。按照公司性质划分，国有企业的资产负债率均值（58.2835%）明显大于非国有企业的（51.5971%），这显示出目前中国上市企业中非国有企业的融资能力弱于国有企业，一定程度上限制了企业的发展。按照产业性质划分，第一产业企业的资产负债率最低，其均值只有 46.6855%，这说明我国第一产业企业的融资能力不足，严重制约了这类公司的健康发展，而第二产业企业和第三产业企业相差不大，均在 55% 左右。按照股票交易市场划分，主板和中小企业板企业的资产负债率相差不大，而作为以科技驱动的创业板资产负债率较低，融资能力薄弱，这也是我国创业板企业面临的重要问题之一。

本章小结

　　首先，本章说明了本书的研究样本和数据来源。本书选取沪深两市 A 股非金融上市公司 2009—2017 年间的年度财务数据与股价数据作为分析对象，从 CSMAR 数据库和 Wind 数据库中收集相关数据，并对其进行必要的筛选，最后共得到 8442 个公司年度观察值，其中包括 938 家上市企业、26 个行业，每个行业至少有 2 家企业，平均每个行业有 324.69 个观测值。

其次，本章结合拟讨论的具体问题分别进行了被解释变量、解释变量、调节变量和控制变量的选择，并对其进行了详细的定义。

再次，本章先借鉴 Manski（1993）提出的方法，为资本结构决策行业同伴效应的存在性验证选择构建了基本组内线性均值模型，并说明了该模型存在的内生性问题和现有研究的处理方法；继而在构建行业空间权重矩阵和区域空间权重矩阵的基础上设置空间 Durbin 模型，预备用来在实证研究中验证区域同伴效应的存在，并同时再次验证行业同伴效应的存在性；随后，借鉴 Hansen（1999）的研究，以本书建立的行业矩阵为基础构建面板门槛回归模型，用来考察上市公司行业同伴效应的门槛特征。

最后，本章对研究所涉及的变量进行了描述性统计分析，发现中国沪深 A 股非金融上市公司的平均资产负债率为 55.1185%，这说明多数上市公司属于稳健型经营，且上市公司的资产负债率会因产权性质、产业性质和股票交易市场的不同而表现出差异。

第五章 企业资本结构决策同伴效应的实证分析

根据文献综述和理论分析，前文已经从理论角度探讨了同伴效应的内涵，并且从多个角度分析了行业和区域同伴效应在企业资本结构决策中的存在性和作用路径，得出同伴效应在企业资本结构的动态调整中发挥着重要作用。本章基于沪深两市 A 股非金融上市公司 2009—2017 年间的年度财务数据与股价数据，首先分别通过参照组内均值线性模型和空间 Durbin 模型验证行业及区域同伴效应在我国上市公司资本结构决策中的存在性，并在此基础上探讨同伴效应的作用路径，接着分析行业同伴效应的调节因素，最后利用面板门槛回归模型分析同伴效应在门槛特征上的异质性。

第一节 企业资本结构决策同伴效应的存在性及相对重要性验证

一、资本结构决策行业同伴效应的存在性检验

首先对面板数据进行 Hausman 检验，以判断应选择固定效应模型，还是随机效应模型。结果显示，Hausman 检验 χ= 249.19，在 1% 的显著性水平下拒绝原假设，因此，本书选择固定效应模型进行估计，结果如表 5.1 所示。

表 5.1　资本结构决策中的行业同伴效应识别模型估计结果

变量	不考虑同伴效应 FE（1）	考虑同伴效应 FE（2）	考虑同伴效应 滞后一期（3）	考虑同伴效应 FE（2009—2015）（4）	考虑同伴效应 滞后一期（2009—2015）（5）
TA	0.51*** (2.99)	2.99*** (12.70)	4.37*** (15.24)	2.39*** (7.96)	4.07*** (10.98)
CR	-6.88*** (-13.31)	-7.20*** (-14.14)	-1.09* (-1.77)	-7.55*** (-12.34)	1.77*** (2.41)
QR	1.35** (2.36)	1.90*** (3.37)	-1.31* (-1.94)	2.91*** (4.36)	-4.37*** (-5.18)
ROTA	-0.35*** (-15.79)	-0.41*** (-18.00)	-0.40*** (-15.04)	-0.35*** (-13.66)	-0.32*** (-11.16)
EPSR	0.00 (1.03)	0.00 (1.35)	0.00* (1.85)	0.00* (1.69)	0.00*** (2.85)
PDAR		0.38*** (6.88)	0.24*** (3.68)	0.33*** (5.11)	0.10 (1.31)
PTA		-3.88*** (-10.19)	-5.66*** (-11.51)	-2.25*** (-4.08)	-3.23*** (-4.57)
PCR		8.75*** (4.02)	8.47*** (3.30)	3.48 (1.35)	-3.25 (-0.97)
PQR		-8.37*** (-3.36)	-8.55*** (-2.95)	-3.01 (-1.04)	4.32 (1.12)
PROTA		0.25*** (3.00)	0.21** (2.15)	0.35*** (3.64)	0.26** (2.15)
PEPSR		-0.00 (-0.16)	-0.00* (-1.89)	0.00 (0.55)	-0.00 (-1.31)
截距项	57.44*** (8.53)	53.96*** (8.53)	63.68*** (8.16)	42.85*** (5.53)	43.97*** (4.64)
观测数	8442	8442	7504	6566	5628
是否控制时间	是	是	是	是	是
是否控制行业	是	是	是	是	是
F 值	492.84***	257.08***	73.14***	155.05***	38.05***
拟合优度	0.25	0.27	0.11	0.26	0.08

注：*、** 和 *** 分别代表在 10%、5% 和 1% 的显著性水平上显著。括号内为 t 值。

表 5.1 中的第 2 列为不考虑同伴企业影响的固定效应模型，第 3 列是考虑了同伴企业影响的固定效应模型，第 4 列是考虑到了变量具有时滞性且为了部分控制潜在内生性问题，将自变量均滞后一期（1 年）。对比 3 个估计结果可以发现，多数变量的系数在方向上保持一致性，这说明模型具有较好的稳定性，同时焦点企业的资本结构决策受到同伴企业的显著影响。在不考虑同伴企业影响时，焦点企业的总资产对数、流动比率、速动比率和盈利能力显著影响了企业的资产负债率，而成长性对焦点企业资产负债率几乎没有影响。在考虑同伴企业的影响后，焦点企业自身的相关特征（总资产对数、流动比率、速动比率和盈利能力）依旧对企业的资产负债率产生显著影响，同时在方向上没有变化，同伴企业的资产负债率对焦点企业的资产负债率存在显著的正向影响，同伴效应估计系数为 0.38，在 1% 水平上显著，表明所有同伴企业的资产负债率均值提高 1%，焦点企业也会将自身的资产负债率随之提高 0.38%。除此之外，同伴企业的相关特征（总资产对数、流动比率、速动比率和盈利能力）也将对焦点企业的资产负债率产生显著的影响，且均在 1% 水平上显著。考虑到变量之间的影响可能存在滞后性，且为部分控制内生性问题，因此对所有自变量滞后一期处理，对比模型（2）和模型（3），除了企业速动比率的系数在方向上发生变化外，总资产对数、流动比率和盈利能力在方向上均无变化，且在数值上相差也不大。从模型（3）可以看出，在考虑了变量的滞后期后，同伴效应依旧非常显著，只是在数值上有所下降，此时同伴效应估计系数为 0.24，仍在 1% 水平上显著，即所有同伴企业的资产负债率均值提高 1%，则焦点企业也会将自身的资产负债率提高 0.24%。同伴企业的相关特征（总资产对数、流动比率、速动比率和盈利能力）影响至少在 5% 的显著性水平上依然显著。此外，模型（1）、模型（2）和模型（3）中焦点企业成长性，以及同伴企业的成长性均对企业的资产负债率没有显著影响。

为了部分控制共线性问题且使估计系数具有更为直观的统计解释意义，本书对自变量进行一阶差分处理，并且在不考虑同伴效应和考虑同伴效应的情况下分别进行回归，估计结果如表 5.2 所示。通过表 5.2 可以发现，在进行差分处理后，企业自身的规模、偿还债务能力和盈利能力是影响焦点企业资本结构决策的重要因素，而企业成长性的影响却不显著，这和已有研究大致相同（Titman and Wessels，1988；吕长江和韩慧博，2001；胡援成，2002；李宝仁和王振蓉；2003；黄贵海和宋敏，2004）。并且，焦点企业的资本结构决策依旧会受到同伴企业行为和特征的影响。此时的同伴效应估计系数为0.35，在1%水平上显著，即所有同伴企业资产负债率均值提高1%，焦点企业也会将自身的资产负债率提高0.35%。同伴企业的规模、偿债能力和盈利性也同样影响焦点企业的资产负债率，显著性水平为1%，同伴企业成长性依然不显著。

表5.2 资本结构决策中的行业同伴效应差分回归结果

变量	不考虑同伴效应的差分回归	考虑同伴效应的差分回归	考虑同伴效应的差分回归
	（1）	（2）	（2009—2015）（3）
TA	0.47** (2.40)	2.67*** (10.12)	1.40*** (3.29)
CR	-7.82*** (-13.64)	-8.10*** (-14.29)	-6.55*** (-10.62)
QR	2.60*** (4.14)	3.03*** (4.88)	2.25*** (3.31)
ROTA	-0.32*** (-13.44)	-0.38*** (-15.74)	-0.32*** (-14.09)
EPSR	0.00 (1.09)	0.00 (1.30)	0.00** (2.16)
PDAR		0.35*** (5.98)	0.17** (2.27)
PTA		-3.43*** (-7.58)	-1.73 (-0.98)
PCR		7.46*** (3.16)	1.75 (0.53)
PQR		-7.20*** (-2.70)	-2.45 (-0.70)

变量	不考虑同伴效应的差分回归	考虑同伴效应的差分回归	考虑同伴效应的差分回归
	（1）	（2）	（2009—2015）（3）
PROTA		0.27*** （3.00）	0.09 （0.90）
PEPSR		-0.00 （-0.09）	0.00 （1.24）
截距项	58.25*** （22.41）	53.73*** （7.48）	33.89*** （8.75）
观测数	7504	7504	5628
是否控制时间	是	是	是
是否控制行业	是	是	是
F 值	395.76***	201.46***	133.39***
拟合优度	0.23	0.25	0.27

注：*、** 和 *** 分别代表在 10%、5% 和 1% 的显著性水平上显著。括号内为 *t* 值。

另外，由于我国在 2016 年开始将"去杠杆"作为经济工作的重点任务，政策环境发生了明显的改变，为进一步降低关联效应的影响，本书利用 2009—2015 年的子样本再次对同伴效应的存在性进行检验。表 5.1 中的模型（4）和模型（5）以和表 5.2 中的模型（3）展示了相应的估计结果，从中可以看出，多数变量的方向保持一致，同伴企业行为除滞后一期的回归结果不显著之外，其他两个模型都保持显著，这说明在子样本中焦点企业的资本结构决策同样受到同伴企业的显著影响。

结合表 5.1 和表 5.2 可以发现，无论是直接考虑同伴效应，还是将自变量进行滞后一期处理，抑或将自变量进行一阶差分，同伴企业的资产负债率始终显著影响企业自身的资产负债率，同伴企业的规模、偿债能力和盈利能力也均对企业自身的资本结构决策有显著影响，这证明同伴效应在企业资本结构决策中广泛存在，支持了假设 H1.1 的观点"我国上市公司在进行资本结构决策时存在行业同伴效应"。

由于不同属性的公司资产负债率存在较大差异，因此对同伴行为的响应程度也不尽相同。本章后文将按照产权性质（国有企业与非国有企业）、产业性质（第一产业、第二产业和第三产业），以及股票交易市场（主板、创业板和中小企业板）进行划分，考察同伴效应在不同属性的公司中所表现出的异质性特征，即同伴效应的调节因素。

二、资本结构决策区域同伴效应的存在性检验

本小节分别选择前文实证模型中构建的区域矩阵 W_1 和行业矩阵 W_2 作为空间权重矩阵代入空间 Durbin 模型进行估计，并且将区域矩阵 W_1 和行业矩阵 W_2 相乘构造全新的矩阵 W_3，以此测算区域矩阵和行业矩阵共同对企业同伴效应的影响。由于空间 Durbin 模型违背了解释变量严格外生和残差项独立分布的假设，所以往往采用极大似然法（ML）进行估计，具体的估计结果如表 5.3 所示。

表 5.3　上市公司资本结构决策空间计量回归结果

变量	W_1 FE	W_2 FE	W_3 FE	W_1 FE（2009—2015）	W_2 FE（2009—2015）	W_3 FE（2009—2015）
TA	3.20*** (14.46)	3.18*** (14.11)	1.50*** (7.66)	2.52*** (9.13)	2.57*** (9.17)	1.35*** (5.54)
CR	-7.20*** (-15.02)	-7.25*** (-15.14)	-6.94*** (-14.27)	-7.46*** (-13.18)	-7.59*** (-13.42)	-7.42*** (-13.03)
QR	1.92*** (3.62)	1.96*** (3.71)	1.47*** (2.75)	2.82*** (4.57)	2.96*** (4.79)	2.72*** (4.38)
$ROTA$	-0.41*** (19.51)	-0.41*** (19.25)	-0.37*** (-17.53)	-0.34*** (-14.59)	-0.35*** (-14.85)	-0.30*** (-13.13)
$EPSR$	0.00* (1.64)	0.00 (1.53)	0.00 (1.32)	0.00* (1.89)	0.00* (1.91)	0.00* (1.84)
$W*DAR$	0.08** (2.11)	0.18*** (5.10)	0.02 (1.45)	0.08* (1.69)	0.17*** (3.99)	-0.02 (-1.15)
$W \times TA$	-4.87*** (-12.73)	-4.55*** (-12.63)	-2.29*** (-9.04)	-2.97*** (-5.43)	-2.81*** (-5.60)	-1.36*** (-4.22)

变量	W_1	W_2	W_3	W_1	W_2	W_3
	FE	FE	FE	FE（2009—2015）	FE（2009—2015）	FE（2009—2015）
$W \times CR$	7.68*** （3.11）	6.85*** （3.34）	-3.04*** （-3.84）	6.28* （1.82）	2.58 （1.10）	-3.70*** （-4.02）
$W \times QR$	-9.30*** （-3.29）	-7.73*** （-3.32）	2.96*** （3.24）	-8.37** （-2.16）	-3.02 （-1.15）	3.80*** （3.63）
$W \times ROTA$	0.07 （0.84）	0.09 （1.19）	0.03 （0.89）	0.20* （1.87）	0.25*** （2.72）	0.07* （1.89）
$W \times EPSR$	0.00 （0.29）	0.00 （0.50）	-0.00 （-0.44）	0.00 （0.77）	0.00 （1.17）	-0.00 （-0.67）
观测数	8433	8442	8433	6559	6566	6559
控制时间	是	是	是	是	是	是
控制行业	是	是	是	是	是	是
log-likelihood	-29080	-29110	-29190	-22119	-22134	-22149
拟合优度	0.25	0.27	0.26	0.23	0.23	0.22

注：*、** 和 *** 分别代表在 10%、5% 和 1% 的显著性水平上显著。括号内为 z 值。

  对比表 5.3 中的三组回归结果可以发现，多数变量的估计系数在方向上保持一致，同时在数值上差距不大，因此可以认为模型具有较好的稳定性。此外，无论是以区域矩阵还是以行业矩阵作为空间权重矩阵，经验证，上市企业的资本结构决策都具有显著的同伴效应，特别是行业矩阵的回归结果，进一步支持了前文中采用参照组内均值线性模型得到的结论。

  同样，本书利用 2009—2015 年的子样本进行了稳健性检验，所得结论和全样本时一致。如表 5.3 所示，当选择区域矩阵 W_1 作为空间权重矩阵时，系数 ρ 的估计值为 0.08，反映了区域空间中同伴行为的溢出效应大小，即本部分定义的同伴效应大小。由回归结果可知，所有区域空间内同伴企业的资产负债率提高 1%，焦点企业会将自身的资产负债率提高 0.08%。

  需要指出的是，表 5.3 空间 Durbin 模型回归结果中各企业特征变量的估计参数并不是自身的直接影响和同伴影响的大小，如果需要得到相应的具体数值，需要通过偏微分方法进行求解，首先对空间 Durbin 模型进行矩阵变换，具体如下：

$$Y = (I-\rho W)^{-1}\alpha l_N + (I-\rho W)^{-1}(X\beta + WX\theta) + (I-\rho W)^{-1}\varepsilon \tag{5.1}$$

式中，I 为单位向量；l_N 为 $N \times 1$ 的单位向量；ε 为空间和时间上的效应。

令矩阵 Y 关于各区域的自变量 X 中第 k 个变量求偏导，结果为

$$\left[\frac{\partial Y}{\partial x_{1k}} \cdots \frac{\partial Y}{\partial x_{Nk}}\right] = (I-\rho W)^{-1}\left[I\beta_K + W\theta_K\right] \tag{5.2}$$

对于矩阵 $(I-\rho W)^{-1}\left[I\beta_K + W\theta_K\right]$，其对角线上元素的均值为本企业的企业特征影响，各行或各列的非对角线元素的均值为同伴企业的企业特征影响。在计算时通常采用 LeSage 和 Pace（2009）提出的方法：

$$(I-\rho W)^{-1} = I + \rho\omega + \rho^2\omega^2 + \cdots \tag{5.3}$$

具体计算结果如表 5.4 所示。从结果来看，区域同伴企业的影响也体现在企业特征上，结合表 5.3 和表 5.4 来看，同伴企业的规模、偿债能力的影响均在1%水平上表现显著(盈利能力和成长性的系数很小且不显著)。

表 5.4　企业特征的直接影响、同伴效应和总效应

变量	直接影响		同伴效应		总效应	
	区域	行业	区域	行业	区域	行业
TA	3.19*** (14.12)	3.16*** (13.74)	-5.00*** (-12.71)	-4.84*** (-12.07)	-1.81*** (-5.28)	-1.68*** (-4.83)
CR	-7.20*** (3.82)	-7.24*** (-15.63)	7.74*** (2.79)	6.74*** (2.57)	0.54 (0.19)	-0.50 (-0.18)
QR	1.93*** (3.77)	1.95*** (3.81)	-10.00*** (-3.29)	-9.06*** (-3.21)	-8.07*** (-2.60)	-7.11** (-2.45)
$ROTA$	-0.41*** (-20.26)	-0.41*** (-20.00)	0.05 (0.56)	0.03 (0.32)	-0.36*** (-3.84)	-0.38*** (-4.01)
$EPSR$	0.00* (1.72)	0.00 (1.62)	0.00 (0.30)	0.00 (0.53)	0.00 (0.69)	0.00* (1.72)

注：*、** 和 *** 分别代表在10%、5% 和 1% 的显著性水平上显著。括号内为 t 值。

此结论支持了假设 H1.2 的内容"我国上市公司在进行资本结构决策时存在区域同伴效应"。

三、资本结构决策中行业同伴和区域同伴影响的相对重要性比较

当选择行业矩阵 W_2 作为空间权重矩阵时，同伴效应系数 ρ 的估计值为 0.18，即所有行业空间中同伴企业的资产负债率提高 1%，焦点企业也会将自身的资产负债率提高 0.18%（1% 水平下显著）。很明显，从系数来看区域同伴效应小于行业同伴效应。同样，行业同伴的影响也体现在企业特征上，和区域同伴效应的结果类似，同伴企业的规模、偿债能力的影响均在 1% 水平上表现显著，盈利能力和成长性的系数很小且不显著。当同时考虑行业和区域时，企业之间的同伴效应估计系数仅为 0.02 且不再显著，同时同伴企业的特征对焦点企业的影响也明显下降。综合来看，企业特征的同伴效应主要表现在企业的规模和偿债能力方面，而在盈利能力和成长性方面并不显著，同时部分企业特征的同伴效应甚至大于焦点企业自身特征的直接影响。这也说明企业之间资本结构决策的模仿和学习主要与企业的规模和偿债能力相关。

本部分实证结果表明，行业同伴效应明显大于区域同伴效应，这一结果印证了理论分析中所述，行业同伴所传递的信息对企业的价值更大，焦点企业对行业同伴的行为比区域同伴更为敏感。我国上市企业之间的同伴效应主要来源于行业内部的竞争性模仿和学习，而区域中的商会团体和地方政策尽管在一定程度促进了地方企业的合作与交流，但是相较于行业内部的同伴效应仍然较为薄弱。这也间接说明了我国地方商会集团和地方政策并没有发挥较好的作用，通过区域内部交流达成的合作尽管存在，但影响力和收益较为有限。

由此，假设 H1.3"相对而言，我国上市公司资本结构决策中行业同伴的影响比区域同伴的影响更大，即同伴效应发挥作用的主要路径是基于行业内竞争而产生的学习和模仿"得到支持。

第二节　资本结构决策行业同伴效应的调节作用检验

一、产权性质的调节作用检验

本书对研究样本中的企业按照国有企业和非国有企业进行划分，通过参照组内均值线性模型，考察同伴效应在不同产权属性的公司中的异质性，同时考虑到变量的滞后影响，对自变量进行滞后一期处理，回归结果如表 5.5。

表 5.5　国有企业与非国有企业的行业同伴效应估计结果

变量	国有企业		非国有企业	
	FE	滞后一期	FE	滞后一期
TA	4.32*** (13.49)	4.69*** (11.84)	2.41*** (6.99)	4.26*** (10.13)
CR	-5.19*** (-7.72)	-1.22*** (-1.48)	-8.58*** (-11.53)	-0.84 (-0.92)
QR	-3.65*** (-4.63)	-4.88*** (-5.08)	4.06*** (5.01)	-1.03 (-1.05)
ROTA	-0.53*** (-17.91)	-0.48*** (-13.71)	-0.29*** (-8.43)	-0.31*** (-7.75)
EPSR	0.00* (1.79)	0.00 (1.55)	0.00 (0.41)	0.00* (1.78)
PDAR	0.46*** (7.17)	0.35*** (4.53)	0.24*** (2.65)	0.05 (0.50)
PTA	-3.09*** (-6.75)	-5.24*** (-8.71)	-4.73*** (-7.75)	-5.97*** (-7.57)
PCR	11.22*** (4.35)	9.82*** (3.19)	5.16 (1.45)	5.66 (1.34)
PQR	-9.69*** (-3.33)	-9.17*** (-2.66)	-6.79* (-1.65)	-7.07 (-1.47)

变量	国有企业		非国有企业	
	FE	滞后一期	FE	滞后一期
PROTA	0.33*** (3.30)	0.35*** (2.88)	0.22* (1.70)	0.11 (0.71)
PEPSR	-0.00 (-1.35)	-0.00** (-2.20)	0.00 (0.99)	-0.00 (-0.58)
截距项	21.21*** (2.72)	50.67*** (5.30)	82.06*** (8.19)	79.12*** (6.22)
观测数	4446	3952	3996	3552
是否控制时间	是	是	是	是
是否控制行业	是	是	是	是
F 值	181.87***	65.22***	119.54***	27.14***
拟合优度	0.34	0.17	0.27	0.09

注：*、**和***分别代表在10%、5%和1%的显著性水平上显著。括号内为 t 值。

通过对比四组回归结果可以发现，所有回归结果在方向上大致相同，且数值上差异不大，这说明模型具有较好的稳定性。对比国有企业和非国有企业的固定效应模型回归结果，发现国有企业的同伴效应系数为0.46，非国有企业的同伴效应系数为0.24，且均在1%的显著性水平下显著，这说明国有企业中的同伴效应略大于非国有企业。将自变量滞后一期处理后，国有企业的同伴效应为0.35，非国有企业的同伴效应为0.05，此时只有国有企业的回归结果在1%的显著性水平下显著，而非国有企业的回归结果不显著。国有企业中，焦点企业的资本结构决策受到同伴企业特征的影响，除成长性外，其他特征变量均在1%水平上显著。而非国有企业中，无论是否进行滞后一期的处理，均只有同伴企业规模在1%水平上对焦点企业资本结构决策存在显著影响。

由于国有企业往往对政策环境更为敏感，因此本节利用 2009—2015 年的子样本进行稳健性检验，并考察去杠杆政策颁布之前，不同产权性质的企业在进行资本结构决策时是否存在同伴效应。在稳健性检验回归结果中，国有企业同伴行为的固定效应模型回归系数为 0.36，自变量滞后一期处理后的系数为 0.23，二者均在 1% 的水平下显著，同时同伴企业特征的影响也表现显著，但非国有企业的同伴行为回归结果不显著，同伴企业特征中也仅有企业规模在 1% 的水平下显著。

综合来看，国有企业和非国有企业在资本结构决策时均会受到同伴企业的影响，实证检验结果支持了假设 H2.1 的内容"我国上市公司中国有企业的资本结构决策行业同伴效应高于非国有企业"。

二、产业性质的调节作用检验

考虑到行业之间的差异和国民经济中的地位，本小节将所有样本企业按三大产业进行分类，考察同伴效应在不同产业的资本结构决策中发挥的作用。

通过表 5.6 中的估计结果可以发现，同伴效应在三大产业中均发挥着重要的作用，也存在较大差异。对于第二、第三产业而言，同伴企业的资本结构决策会对焦点企业产生显著的正向影响。在第二产业中，当同伴企业资产负债率均值提高 1% 时，焦点企业会将自身的资产负债率随之提高 0.42%，同伴企业特征除成长性外均对焦点企业资产负债率有显著影响，都在 1% 水平下显著；而在第三产业中，同伴企业资产负债率均值的回归系数为 0.25，但仅企业规模对焦点企业决策存在显著影响。

表 5.6　三大产业的行业同伴效应回归结果

变量	第一产业	第二产业	第三产业
	FE	FE	FE
TA	3.72*** （2.75）	2.01*** （6.64）	3.98*** （10.20）
CR	-9.24*** （-4.44）	-13.58*** （-17.50）	-1.96*** （-2.68）
QR	1.07 （0.42）	8.35*** （10.04）	-2.81*** （-3.31）
$ROTA$	-0.39*** （-4.84）	-0.37*** （-13.78）	-0.46*** （-9.47）
$EPSR$	0.00 （0.35）	0.00 （0.23）	0.00 （1.51）
$PDAR$	-1.54*** （-2.82）	0.42*** （6.47）	0.25** （2.24）
PTA	3.48 （3.29）	-3.25*** （-6.34）	-4.35*** （-6.89）
PCR	51.77*** （2.67）	15.23*** （4.50）	6.12* （1.94）
PQR	-75.50*** （-2.71）	-15.17*** （-4.12）	-4.99 （-1.24）
$PROTA$	-1.19** （-1.84）	0.21** （2.01）	0.28 （1.56）
$PEPSR$	0.01*** （3.16）	-0.00 （-0.23）	-0.00 （-0.21）
截距项	36.09 （0.89）	56.16*** （6.60）	53.54*** （4.93）
观测数	333	5553	2556
是否控制时间	是	是	是
是否控制行业	是	是	是
F 值	28.35***	196.10***	59.74***
拟合优度	0.52	0.30	0.23

注：*、** 和 *** 分别代表在 10%、5% 和 1% 的显著性水平上显著。括号内为 t 值。

然而，在第一产业中，同伴企业的资本结构决策回归系数为 -1.54，且在 1% 水平上显著，这表明同伴企业的资本结构决策会对焦点企业产生显著的负向影响，当同伴企业提高资产负债率时，焦点企业反而会降低自身的资产负债率。且同伴效应的影响虽为负向，但其估计系数的绝对值却大于第二产业和第三产业企业，这与理论预期不符。利用 2009—2015 年的子样本进行的稳健性检验结论与全样本一致。同时，对第一产业中的企业而言，其同伴企业的偿债能力、盈利能力和成长性均对焦点企业的资本结构决策有显著影响，但企业规模的影响却不显著。究其原因，本书认为可能包括以下两个方面。

第一，我国农业企业时常在具有一定实力后借助融资开始多元化经营，导致了一些规模较大、实力较强的农业企业偏离以农业为主体的经营模式，出现"背农"现象，如 2013 年顺鑫农业进行多元化发展转型，导致其资产负债率高达 76%。在此情况下，这些规模大、实力强的企业增加负债率可能会被行业内其他企业视为其经营方向或战略发生调整的信号，这一行为对并无类似打算的其他企业没有太大参考价值；另一方面，发生"背农"现象的企业往往是业内较有实力的企业，它们的经营业务重心转变可能会给原来所在的行业带来较大的影响，因此其他企业在决策时反而会采取更为谨慎保守的态度，以抵抗由于行业环境变化而可能出现的风险，因此同伴效应的影响方向为负向。

第二，从公司治理的视角来看，我国农业上市公司的股权集中度较高，第一大股东或实际控制人往往是国家，农业企业的高管常为政府任命，拥有较大的话语权。因此，以农业企业为代表的第一产业中的企业，由于管理者具有较强的维护政治声誉和经理人声誉的动机，以及与政府联系更为密切带来的信息"搭便车"行为的存在，在决策时可能会表现出较之第二、第三产业企业更明显的对同伴行为模仿的动机。

总结本部分实证检验的结果，假设 H2.2"我国上市公司中第二、第三产业企业的资本结构决策行业同伴效应高于第一产业"未得到支持。

三、股票交易市场的调节作用检验

不同股票交易市场的上市企业由于自身特征的差异，其同伴效应也会有所不同。表 5.7 中第 2 列为所有上市企业的固定效应模型回归结果，第

3 列为主板企业的固定效应模型回归结果，第 4 列为创业板企业的固定效应模型回归结果，第 5 列为中小企业板企业的固定效应模型回归结果。

表 5.7　三大股票交易市场的行业同伴效应回归结果

变量	所有企业	主板	创业板	中小企业板
	FE（1）	FE（2）	FE（3）	FE（4）
TA	2.99*** (12.70)	2.57*** (9.51)	3.19*** (2.99)	4.27*** (8.20)
CR	-7.20*** (-14.14)	-7.23*** (-11.61)	-6.19*** (-2.98)	-7.67*** (-7.96)
QR	1.90*** (3.37)	2.86*** (4.21)	-4.00* (-1.78)	-0.58 (-0.52)
ROTA	-0.41*** (-18.00)	-0.46*** (-17.05)	-0.06 (-0.50)	-0.30*** (-6.42)
EPSR	0.00 (1.35)	0.00 (1.52)	0.00 (0.26)	-0.00 (-0.93)
PDAR	0.38*** (6.88)	0.40*** (6.13)	0.30 (1.18)	0.32*** (3.04)
PTA	-3.88*** (-10.19)	-4.10*** (-9.15)	-2.05 (-1.21)	-3.62*** (-4.64)
PCR	8.75*** (4.02)	8.62*** (3.52)	16.86 (1.44)	9.06* (1.83)
PQR	-8.37*** (-3.36)	-7.95*** (-2.82)	-14.08 (-1.04)	-9.41* (-1.70)
PROTA	0.25*** (3.00)	0.32*** (3.28)	0.42 (1.16)	0.09 (0.57)
PEPSR	-0.00 (-0.16)	-0.00 (-0.60)	-0.00 (-0.15)	0.00 (0.94)
截距项	53.96*** (8.53)	60.35*** (7.99)	25.58 (0.95)	40.46*** (3.21)
观测数	8442	5994	450	1998
是否控制时间	是	是	是	是
是否控制行业	是	是	是	是
F 值	257.08***	159.11***	21.10***	104.29***
拟合优度	0.27	0.25	0.38	0.40

注：*、** 和 *** 分别代表在 10%、5% 和 1% 的显著性水平上显著。括号内为 t 值。

通过对比可以发现，主板企业的资本结构决策存在显著的正向同伴效应，同时同伴企业资本结构的影响回归系数 0.40 也大于所有企业整体同伴效应的估计系数 0.38。此外，同伴企业的企业特征（除成长性外）也对焦点企业的资本结构有显著影响（以上变量回归系数的估计均在 1% 水平上显著）。而对于创业板企业而言，无论是同伴企业的资本结构决策还是企业特征，都没有对本企业的资本结构决策产生显著影响。对于中小企业板企业而言，实证结果显示企业之间也存在资本结构决策同伴效应，但这种同伴效应（回归系数为 0.32）低于主板企业的同伴效应（回归系数为 0.40）和整体企业的平均同伴效应水平（回归系数为 0.38）。同时，同伴企业特征中仅有企业规模和偿债能力对焦点企业分别在 1% 和 10% 的水平上存在显著影响，盈利性和成长性的影响都很小且不显著。利用 2009—2015 年的子样本进行的稳健性检验结论与全样本一致。

由此，实证结果支持了前文假设 H2.3 的内容"我国上市公司中主板企业的资本结构决策行业同伴效应高于中小企业板和创业板企业"。

第三节　资本结构决策行业同伴效应的焦点企业特征门槛及调节作用检验

一、行业同伴效应的企业规模门槛特征及调节因素检验

（一）门槛估计结果

本小节首先对企业规模进行门槛检验，为保证计量结果的一致性，设定统一的种子值 300，检验结果如表 5.8 所示。

表 5.8　企业规模门槛检验结果

单门槛 （H0：无门槛）		双门槛 （H0：只有一个门槛）		三门槛 （H0：只有两个门槛）	
F 值	P 值	F 值	P 值	F 值	P 值
285.046***	0.000	83.666***	0.000	—	—

注：*、** 和 *** 分别代表在 10%、5% 和 1% 的显著性水平上显著。

根据表 5.8 的门槛检验结果可知，当以企业规模为门槛时，存在 2 个门槛值，门槛检验结果在 1% 的显著性水平下显著，接下来对门槛值进行估计。

表 5.9　企业规模门槛值估计结果和置信区间

门槛	门槛值	95% 置信区间
第一个	10.973	[10.924，11.003]
第二个	18.337	[18.294，18.351]

根据表 5.9 的门槛值估计结果可知，2 个门槛值分别为 10.973 和 18.337。确定门槛值后，对整个模型的系数进行估计，结果如表 5.10 所示。从估计结果可知，当焦点企业总资产的对数小于 10.973 时，其同伴效应系数为 0.93，即此时同伴企业的资产负债率提高 1%，焦点企业也会将资产负债率提高 0.93%；当焦点企业总资产的对数在 [10.973，18.337) 区间时，同伴效应系数为 0.70，即同伴企业的资产负债率提高 1%，焦点企业将会把资产负债率提高 0.70%；当上市企业总资产的对数大于等于 18.337 时，同伴效应系数为 0.34，即同伴企业的资产负债率提高 1%，焦点企业会将资产负债率提高 0.34%。且所有门槛回归的结果均在 1% 的显著性水平下显著。

表 5.10 企业规模门槛模型估计结果

变量	双门槛估计结果
$TA < 10.973$	0.93*** (25.17)
$10.973 \leqslant TA < 18.337$	0.70*** (20.38)
$TA \geqslant 18.337$	0.34*** (6.43)
TA	4.08*** (27.28)
CR	-6.14*** (-13.54)
QR	-0.03 (-0.06)
$ROTA$	-0.63*** (-25.32)
$EPSR$	0.00* (1.65)
PTA	-2.28*** (-10.56)
PCR	6.80*** (7.92)
PQR	-4.01*** (-3.42)
$PROTA$	0.64*** (8.07)
$PEPSR$	-0.00 (-0.82)
截距项	-2.63 (-0.79)
观测数	8442
拟合优度	0.38
F 值	366.44***
F test all $v_i=0$	9.71***

注：*、** 和 *** 分别代表在10%、5% 和 1% 的显著性水平上显著。括号内为 t 值。

由此可以看出，随着焦点企业规模的扩大，企业之间的资本结构决策同伴效应虽然对焦点企业的决策行为呈现正向影响，但其边际作用将会在两个门槛值处分别发生递减，表现出明显的非线性特征。当焦点企业的规模增大时，同伴效应的影响会逐渐下降，这一结论与理论分析和已有的研究结论相符。这也间接说明了企业处于市场弱势地位时，会加强对其他领先企业的模仿和学习，即同伴效应会单向发生在模仿和学习规模更大、更成功的同伴企业行为上。同时，从同伴企业特征方面来看，除同伴企业成长性不显著外，其他企业特征都在 1% 水平上对焦点企业资本结构决策有显著影响。

因此，实证结果支持了假设 H3.1 的内容"我国上市公司资本结构决策行业同伴效应随焦点企业规模的增大而具有门槛，表现为边际递减的非线性形式"。

（二）产权性质对企业规模门槛的调节作用分析

前文已验证，企业资本结构决策同伴效应在国有企业和非国有企业之间存在明显的异质性，在本小节中，本书将检验产权性质是否对企业规模门槛特征具有调节作用。

根据表 5.11 的门槛检验结果可知，当以企业规模为门槛时，国有企业和非国有企业均存在 2 个门槛值，门槛检验结果在 1% 的显著性水平下显著，接下来对门槛值进行估计。根据表 5.12 的门槛值估计结果可知，国有企业的 2 个门槛值分别为 12.584 和 18.826，非国有企业的 2 个门槛值分别为 10.373 和 11.199。

表 5.11　基于产权性质的企业规模门槛检验结果

企业类型	单门槛（H0：无门槛）		双门槛（H0：只有一个门槛）		三门槛（H0：只有两个门槛）	
	F 值	P 值	F 值	P 值	F 值	P 值
国有	25.658***	0.003	56.095***	0.000	—	—
非国有	175.178***	0.000	34.439***	0.000	—	—

注：*、** 和 *** 分别代表 10%、5% 和 1% 的显著性水平上显著。

表 5.12　基于产权性质的企业规模门槛值估计结果和置信区间

企业类型	门槛	门槛值	95% 置信区间
国有	第一个	12.584	[12.572，12.744]
	第二个	18.826	[13.268，18.826]
非国有	第一个	10.373	[10.373，10.463]
	第二个	11.199	[11.166，11.199]

在确定门槛值后，对整个模型的系数进行估计，结果如表 5.13 所示。根据表 5.13 的估计结果可知，对国有上市公司而言，当焦点企业总资产的对数小于 12.584 时，同伴效应系数为 0.57，即同伴企业的资产负债率提高 1%，焦点企业会将自身的资产负债率提高 0.57%；当焦点企业总资产的对数大于等于 12.584 且小于 18.826 时，同伴效应系数为 0.62，即同伴企业的资产负债率提高 1%，焦点企业会将自身的资产负债率提高 0.62%；当焦点企业总资产的对数大于等于 18.826 时，同伴效应系数为 0.38，即同伴企业的资产负债率提高 1%，焦点企业会将自身的资产负债率提高 0.38%。

表 5.13　基于产权性质的企业规模门槛模型估计结果

国有企业		非国有企业	
变量	双门槛估计结果	变量	双门槛估计结果
$TA < 12.584$	0.57^{***} （13.21）	$TA < 10.373$	1.06^{***} （16.93）
$12.584 \leqslant TA < 18.826$	0.62^{***} （14.67）	$10.373 \leqslant TA < 11.199$	0.88^{***} （15.65）
$TA \geqslant 18.826$	0.38^{***} （5.43）	$TA \geqslant 11.199$	0.71^{***} （13.22）
TA	2.55^{***} （11.26）	TA	4.35^{***} （15.92）
CR	-3.58^{***} （-6.20）	CR	-6.38^{***} （-9.29）
QR	-6.90^{***} （-10.01）	QR	1.22 （1.61）
$ROTA$	-0.78^{***} （-23.25）	ROTA	-0.51^{***} （-14.11）

国有企业		非国有企业	
变量	双门槛估计结果	变量	双门槛估计结果
$EPSR$	0.00* (1.85)	EPSR	0.00 (1.52)
PTA	-0.70*** (-2.68)	PTA	-1.88*** (-5.19)
PCR	6.09*** (5.36)	PCR	4.09*** (2.99)
PQR	-2.53 (-1.63)	PQR	-3.31* (-1.79)
$PROTA$	0.71*** (6.90)	PROTA	0.80*** (6.30)
$PEPSR$	0.00 (0.08)	PEPSR	0.00 (0.79)
截距项	3.06 (0.65)	截距项	-11.72** (-2.16)
观测数	4446	观测数	3996
拟合优度	0.43	拟合优度	0.35
F 值	240.53***	F 值	151.84***
F test all $v_i=0$	12.25***	F test all $v_i=0$	6.48***

注：*、** 和 *** 分别代表在 10%、5% 和 1% 的显著性水平上显著。括号内为 t 值。

对上市的非国有企业而言，当焦点企业总资产的对数小于 10.373 时，同伴效应系数为 1.06，即同伴企业的资产负债率提高 1%，焦点企业会将自身的资产负债率提高 1.06%；当焦点企业总资产的对数大于等于 10.373 且小于 11.199 时，同伴效应系数为 0.88，即同伴企业的资产负债率提高 1%，焦点企业将自身的资产负债率提高 0.88%；当企业总资产的对数大于等于 11.199 时，同伴效应系数为 0.71，即同伴企业的资产负债率提高 1%，焦点企业会将自身的资产负债率提高 0.71%。所有门槛回归的结果均在 1% 的显著性水平下显著。

由此可以看出，国有企业的同伴效应门槛值高于非国有企业，主要原因是国有企业的企业规模整体来说相对较大，相应的门槛值也就高于非国有企业。国有企业中，资本结构决策存在显著的正向同伴效应，且同伴效应的边际作用随着焦点企业规模的变化而在两个门槛值处发生变化，先增大后减小，表现出明显的非线性特征。对于非国有企业而言，同伴的资本结构决策也对焦点企业具有显著的正向影响，但同伴效应的边际作用方向与国有企业不同，虽然也表现出明显的非线性特征，但其随着焦点企业规模的变化而在两个门槛值处发生了边际递减。这进一步证实了同伴效应会单向发生在向规模更大、更成功的同伴企业模仿和学习这一结论，大企业拥有更大的"影响力"。

从同伴企业特征方面来看，同样可以发现，无论是国有企业还是非国有企业，同伴企业特征都对焦点企业的资本结构决策存在显著影响。

由此，假设 H3.1a 的内容得到了支持：企业产权性质对我国上市公司资本结构决策行业同伴效应在焦点企业规模上的门槛特征具有调节作用。

（三）产业性质对同伴效应企业规模门槛的调节作用分析

在本小节中，本书将检验产业性质是否对企业规模门槛特征具有调节作用。

根据表 5.14 的门槛检验结果可知，当以企业规模为门槛时，三大产业均存在 2 个门槛值，门槛检验结果在 1% 的显著性水平下显著，接下来对门槛值进行估计。根据表 5.15 的门槛值估计结果可知，第一产业的 2 个门槛值分别为 12.161 和 13.816，第二产业的 2 个门槛值分别为 10.455 和 11.159，第三产业的 2 个门槛值分别为 11.055 和 12.253。

表 5.14　基于产业性质的企业规模门槛检验结果

产业	单门槛 （H0：无门槛）		双门槛 （H0：只有一个门槛）		三门槛 （H0：只有两个门槛）	
	F 值	P 值	F 值	P 值	F 值	P 值
第一	12.195[**]	0.033	13.457[***]	0.000	—	—
第二	213.438[***]	0.000	48.208[***]	0.000	—	—
第三	63.372[***]	0.007	33.063[***]	0.000	—	—

注：[*]、[**] 和 [***] 分别代表在 10%、5% 和 1% 的显著性水平上显著。

表 5.15　基于产业性质的企业规模门槛值估计结果和置信区间

产业	门槛	门槛值	95% 置信区间
第一	第一个	12.161	[12.103，13.131]
	第二个	13.816	[11.072，13.911]
第二	第一个	10.455	[10.329，13.065]
	第二个	11.159	[11.089，11.212]
第三	第一个	11.055	[10.941，11.083]
	第二个	12.253	[11.965，12.296]

在确定门槛值后，对整个模型的系数进行估计，结果如表 5.16 所示。根据表 5.16 的估计结果可知，对属于第一产业的上市企业而言，当焦点企业总资产的对数小于 12.161 时，同伴效应系数为 -2.99，即所有同伴企业的资产负债率提高 1%，焦点企业将自身的资产负债率降低 2.99%；当焦点企业总资产的对数大于等于 12.161 且小于 13.816 时，同伴效应系数为 -3.14，即所有同伴企业的资产负债率提高 1%，焦点企业会将自身的资产负债率降低 3.14%；当焦点企业总资产的对数大于等于 13.816 时，同伴效应系数为 -3.40，即所有同伴企业的资产负债率提高 1%，焦点企业会将资产负债率降低 3.40%。

表 5.16　基于产业性质的企业规模门槛模型估计结果

第一产业		第二产业		第三产业	
变量	双门槛估计结果	变量	双门槛估计结果	变量	双门槛估计结果
$TA < 12.161$	-2.99*** (-4.64)	$TA < 10.455$	0.99*** (17.65)	$TA < 11.055$	0.78*** (10.68)
$12.161 \leqslant TA < 13.816$	-3.14*** (-4.86)	$10.455 \leqslant TA < 11.159$	0.78*** (15.54)	$11.055 \leqslant TA < 12.253$	0.59*** (8.82)
$TA \geqslant 13.816$	-3.40*** (-5.26)	$TA \geqslant 11.159$	0.64*** (13.08)	$TA \geqslant 12.253$	0.51*** (7.81)
TA	8.56*** (6.01)	TA	2.58*** (13.34)	TA	5.90*** (18.84)

第一产业		第二产业		第三产业	
变量	双门槛估计结果	变量	双门槛估计结果	变量	双门槛估计结果
CR	-7.65*** (-3.71)	CR	-12.10*** (-16.02)	CR	-1.73*** (-2.63)
QR	-1.56 (-0.63)	QR	5.53*** (6.74)	QR	-3.55*** (-4.60)
ROTA	-0.41*** (-4.35)	ROTA	-0.58*** (-18.75)	ROTA	-0.71*** (-13.32)
EPSR	0.00* (1.90)	EPSR	0.00 (0.99)	EPSR	0.00 (1.43)
PTA	8.87** (2.34)	PTA	-0.18 (-0.63)	PTA	-3.32*** (-6.88)
PCR	80.62*** (3.45)	PCR	9.85*** (4.98)	PCR	2.96** (2.16)
PQR	-122.98*** (-3.67)	PQR	-6.23*** (-2.61)	PQR	-4.00** (-1.96)
PROTA	-2.13*** (-2.74)	PROTA	0.71*** (6.74)	PROTA	0.76*** (4.03)
PEPSR	0.02*** (4.39)	PEPSR	-0.00 (-0.81)	PEPSR	-0.00 (-0.35)
截距项	-17.56 (-0.34)	截距项	-8.95** (-2.06)	截距项	0.28 (0.03)
观测数	333	观测数	5553	观测数	2556
拟合优度	0.52	拟合优度	0.38	拟合优度	0.37
F 值	24.58***	F 值	241.04***	F 值	106.26***
F test all $v_i=0$	6.31***	F test all $v_i=0$	6.66***	F test all $v_i=0$	10.07***

注：*、** 和 *** 分别代表在10%、5% 和 1% 的显著性水平上显著。括号内为 t 值。

对第二产业而言，当焦点企业总资产的对数小于 10.455 时，同伴效应系数为 0.99，即所有同伴企业的资产负债率提高 1%，焦点企业也会将自身的资产负债率提高 0.99%；当焦点企业总资产的对数大于等于 10.455 且小于 11.159 时，同伴效应系数为 0.78，即所有同伴企业的资产负债率提高 1%，焦点企业会随之将自身的资产负债率提高 0.78%；当焦点企业总资产的对数大于等于 11.159 时，同伴效应系数为 0.64，即所有同伴企业的资产负债率提高 1%，焦点企业也会将自身资产负债率提高 0.64%。

对第三产业而言，当焦点企业总资产的对数小于 11.055 时，同伴效应系数为 0.78，即所有同伴企业的资产负债率增加 1%，焦点企业也会将自身的资产负债率提高 0.78%；当焦点企业总资产的对数大于等于 11.055 且小于 12.253 时，同伴效应系数为 0.59，即所有同伴企业的资产负债率提高 1%，焦点企业会随之将自身的资产负债率提高 0.59%；当焦点企业总资产的对数大于等于 12.253 时，同伴效应系数为 0.51，即所有同伴企业的资产负债率提高 1%，焦点企业将自身的资产负债率提高 0.51%。所有门槛回归结果均在 1% 的显著性水平下显著。

由此可以看出，第一产业上市公司的资本结构决策同伴效应企业规模门槛值最高，而第三产业的企业规模门槛值最低。三大产业中上市公司的资本结构决策同伴效应都很显著，其中第一产业同伴企业产生的是负向影响，第二、第三产业的同伴效应为正。三大产业中资本结构决策同伴效应均呈现出明显的非线性形式，同伴效应的边际作用在第二产业和第三产业中会随着焦点企业规模的增加而在两个门槛处分别发生递减，而第一产业同伴效应的边际作用则随焦点企业规模的增加而在两个门槛处分别发生递增，使同伴效应在三大产业中呈现出不同的非线性状态。此时，三大产业中绝大多数同伴企业特征变量也都表现显著，表明除同伴行为外，同伴企业特征也会对焦点企业的决策造成显著影响。

至此，实证结果支持了假设 H3.1b 的内容：企业所属产业性质对我国上市公司资本结构决策行业同伴效应在焦点企业规模上的门槛特征具有调节作用。

（四）股票交易市场对同伴效应企业规模门槛的调节作用分析

不同股票交易市场的企业规模存在较大差异，而不同股票交易市场的公司资产负债率也存在明显的异质性，因此，本小节将检验企业所属股票交易市场的差异是否对企业规模门槛特征具有调节作用。

根据表 5.17 的门槛检验结果可知，当以企业规模为门槛时，三大股票交易市场均存在 2 个门槛值且均在 1% 的显著性水平下显著，接下来对门槛值进行估计。根据表 5.18 的门槛值估计结果可知，主板的 2 个门槛值分别为 10.442 和 11.192，创业板的 2 个门槛值分别为 11.136 和 14.346，中小企业板的 2 个门槛值分别为 10.900 和 16.242。

表 5.17　基于股票交易市场的企业规模门槛检验结果

股票类型	单门槛（H0：无门槛）		双门槛（H0：只有一个门槛）		三门槛（H0：只有两个门槛）	
	F 值	P 值	F 值	P 值	F 值	P 值
主板	129.266***	0.000	33.549***	0.000	—	—
创业板	53.280***	0.000	12.400***	0.007	—	—
中小企业板	111.589***	0.000	27.207***	0.000	—	—

注：*、** 和 *** 分别代表在 10%、5% 和 1% 的显著性水平上显著。

表 5.18　基于股票交易市场的企业规模门槛值估计结果和置信区间

类型	门槛	门槛值	95% 置信区间
主板	第一个	10.442	[10.442，18.757]
	第二个	11.192	[10.974，11.234]
创业板	第一个	11.136	[10.967，11.137]
	第二个	14.346	[12.077，16.524]
中小企业板	第一个	10.900	[10.900，10.900]
	第二个	16.242	[15.920，16.300]

　　在确定门槛值后，对整个模型的系数进行估计，结果如表 5.19。根据表 5.19 的估计结果可知，对主板的上市企业而言，当焦点企业总资产的对数小于 10.442 时，同伴效应系数为 1.13，即所有同伴企业的资产负债率提高 1%，焦点企业也会将资产负债率提高 1.13%；当焦点企业总资产的对数大于等于 10.442 且小于 11.192 时，同伴效应系数为 0.93，即所有同伴企业的资产负债率提高 1%，焦点企业将资产负债率提高 0.93%；当焦点企业总资产的对数大于等于 11.192 时，同伴效应系数为 0.82，即所有同伴企业的资产负债率提高 1%，焦点企业将资产负债率提高 0.82%。所有门槛回归结果均在 1% 的水平下显著。

表 5.19　基于股票交易市场的企业规模门槛模型估计结果

主板		创业板		中小企业板	
变量	双门槛估计结果	变量	双门槛估计结果	变量	双门槛估计结果
$TA < 10.442$	1.13*** (21.68)	$TA < 11.136$	0.86*** (4.98)	$TA < 10.900$	1.09*** (14.45)
$10.442 \leqslant TA < 11.192$	0.93*** (20.92)	$11.136 \leqslant TA < 14.346$	0.54*** (3.54)	$10.900 \leqslant TA < 16.242$	0.72*** (10.71)
$TA \geqslant 11.192$	0.82*** (19.77)	$TA \geqslant 14.346$	0.39** (2.44)	$TA \geqslant 16.242$	0.52*** (6.80)
TA	4.29*** (22.99)	TA	6.61*** (7.36)	TA	4.21*** (13.40)
CR	-5.29*** (-9.14)	CR	-7.13*** (-3.45)	CR	-5.38*** (-6.88)
QR	0.09 (0.13)	QR	-2.48 (-1.11)	QR	-3.99*** (-4.38)
$ROTA$	-0.62*** (-20.88)	$ROTA$	-0.35*** (-2.90)	$ROTA$	-0.66*** (-12.54)
$EPSR$	0.00 (1.16)	$EPSR$	0.00 (1.07)	$EPSR$	0.00 (0.36)
PTA	-2.02*** (-7.78)	PTA	1.06 (1.12)	PTA	-2.04*** (-4.63)
PCR	7.59*** (6.71)	PCR	0.80 (0.19)	PCR	5.69*** (3.58)
PQR	-5.82*** (-3.93)	PQR	1.01 (0.19)	PQR	1.90 (0.88)
$PROTA$	0.96*** (10.01)	$PROTA$	1.15*** (3.14)	$PROTA$	0.29* (1.75)
$PEPSR$	-0.00 (10.01)	$PEPSR$	-0.00 (-1.22)	$PEPSR$	0.00* (0.70)
截距项	-17.97*** (-4.42)	截距项	-68.68*** (-4.68)	截距项	-8.65 (-1.25)
观测数	5994	观测数	450	观测数	1998
拟合优度	0.37	拟合优度	0.46	拟合优度	0.50
F 值	252.57***	F 值	25.88***	F 值	138.61***
F test all $v_i=0$	8.48***	F test all $v_i=0$	7.48***	F test all $v_i=0$	7.92***

注：*、** 和 *** 分别代表在 10%、5% 和 1% 的显著性水平上显著。括号内为 t 值。

对创业板的上市企业而言，当焦点企业总资产的对数小于 11.136 时，同伴效应系数为 0.86，即所有同伴企业的资产负债率提高 1%，焦点企业将资产负债率提高 0.86%，门槛回归结果在 1% 的水平下显著；当焦点企业总资产的对数大于等于 11.136 且小于 14.346 时，同伴效应系数为 0.54，即所有同伴企业的资产负债率提高 1%，焦点企业将资产负债率提高 0.54%，门槛回归结果在 1% 的水平下显著；当焦点企业总资产的对数大于等于 14.346 时，同伴效应系数为 0.39，即所有同伴企业的资产负债率提高 1%，焦点企业将资产负债率提高 0.39%，门槛回归结果在 5% 的水平下显著。

对中小企业板的上市企业而言，当焦点企业总资产的对数小于 10.900 时，同伴效应系数为 1.09，即所有同伴企业的资产负债率提高 1%，焦点企业会将资产负债率提高 1.09%；当焦点企业总资产的对数大于等于 10.900 且小于 16.242 时，同伴效应系数为 0.72，即所有同伴企业的资产负债率提高 1%，焦点企业将资产负债率提高 0.72%；当焦点企业总资产的对数大于等于 16.242 时，同伴效应系数为 0.52，即所有同伴企业的资产负债率提高 1%，焦点企业将资产负债率提高 0.52%，所有门槛回归结果均在 1% 的水平下显著。

由此可以看出，三大股票交易市场的上市企业在进行资本结构决策时都存在正向的同伴效应，同伴企业提高资产负债率的行为会引起焦点企业的模仿和学习，随之提高自身的资产负债率。三大股票交易市场的资本结构同伴效应都呈现明显的非线性形式，在考虑焦点企业规模变化时都具有两个门槛，且同伴效应的边际作用在两个门槛处均呈现边际递减趋势。但三大产业在企业规模上的门槛值各不相同，因此，同伴效应的非线性形式也呈现出不同的状态。具体来说，三大产业上市公司资本结构决策同伴效应在企业规模上的第一门槛值相差不大，第二门槛值对比可知中小企业板最大，主板的第二门槛值最小。尽管主板企业的第二门槛值最低，但其同伴效应依旧明显大于其他两个市场。主板上市公司中同伴企业特征的影响除成长性外均在 1% 水平下显著，但创业板企业中只有同伴企业盈利能力具有显著影响，而中小企业板中同伴企业规模和流动比率影响表现更为显著（1% 水平下显著），同伴企业盈利能力和成长性仅在 10% 水平下显著，且成长性的影响程度极小。

由此，假设 H3.1c "企业所属股票交易市场对我国上市公司资本结构决策的行业同伴效应在焦点企业规模上的门槛特征具有调节作用"得到验证。

二、行业同伴效应的企业偿债能力门槛特征及调节因素检验

（一）门槛估计结果

企业偿债能力是资本结构决策的重要影响因素之一。企业总是会综合内、外部环境因素和各种信息进行权衡，偿债能力和同伴的决策都将进入企业的资本结构决策函数。因此，有必要将企业偿债能力作为门槛变量探究同伴效应的异质性特征。首先对企业偿债能力进行门槛检验。限于研究篇幅，本部分内容仅选择企业流动比率作为门槛变量进行估计。为保证计量结果的一致性，设定统一的种子值 300，检验结果如表 5.20 所示。

表 5.20　企业偿债能力门槛检验结果

单门槛 （H0：无门槛）		双门槛 （H0：只有一个门槛）		三门槛 （H0：只有两个门槛）	
F 值	P 值	F 值	P 值	F 值	P 值
1093.689***	0.000	290.668***	0.000	—	—

注：*、** 和 *** 分别代表在 10%、5% 和 1% 的显著性水平上显著。

根据表 5.20 的门槛检验结果可知，当以企业流动比率为门槛时，存在两个门槛值，门槛检验结果在 1% 的显著性水平下显著，接下来对门槛值进行估计，如表 5.21、表 5.22 所示。

表 5.21　企业偿债能力门槛值估计结果和置信区间

门槛	门槛值	95% 置信区间
第一个	1.340	[1.188，1.344]
第二个	1.741	[1.713，1.979]

表 5.22 企业偿债能力门槛模型估计结果

变量	双门槛估计结果
$CR < 1.340$	0.76^{***} （23.56）
$1.340 \leqslant CR < 1.741$	0.63^{***} （19.23）
$CR \geqslant 1.741$	0.50^{***} （15.20）
TA	2.96^{***} （21.73）
CR	-0.65 （-1.40）
QR	-2.89^{***} （-5.89）
$ROTA$	-0.51^{***} （-21.89）
$EPSR$	0.00 （1.02）
PTA	-1.54^{***} （-7.49）
PCR	10.35^{***} （12.69）
PQR	-6.63^{***} （-5.98）
$PROTA$	0.63^{***} （8.45）
$PEPSR$	-0.00 （-0.41）
截距项	-4.80 （-1.53）
观测数	8442
拟合优度	0.45
F 值	483.13^{***}
F test all $v_i=0$	9.56^{***}

注：*、** 和 *** 分别代表在 10%、5% 和 1% 的显著性水平上显著。括号内为 t 值。

根据表 5.21 的门槛值估计结果可知，两个门槛值分别为 1.340 和 1.741，在确定门槛值后，对整个模型的系数进行估计。由表 5.22 的估计结果可知，当焦点企业流动比率小于 1.340 时，同伴效应系数为 0.76，即同伴企业的资产负债率提高 1%，焦点企业也会将资产负债率提高 0.76 %；当焦点企业流动比率大于等于 1.340 且小于 1.741 时，同伴效应系数为 0.63，即同伴企业的资产负债率提高 1%，焦点企业将资产负债率提高 0.63%；当焦点企业流动比率大于等于 1.741 时，同伴效应系数为 0.50，即同伴企业的资产负债率提高 1%，焦点企业将资产负债率提高 0.50%，且所有门槛回归的结果均在 1% 的显著性水平下显著。

由此可以看出，此时的同伴效应影响方向为正，且随着焦点企业偿债能力（流动比率）的提高，企业间的资本结构决策同伴效应的边际作用在两个门槛处分别发生下降，总体表现为边际递减的趋势，呈现出明显的非线性特征。从同伴企业特征来看，此时除同伴企业成长性影响不显著外，其余特征均对焦点企业的资本结构决策存在显著影响。

至此，假设 H3.2"我国上市公司资本结构决策行业同伴效应随焦点企业偿债能力的增加而具有门槛，表现为边际递减的非线性形式"得到了验证。

（二）产权性质对同伴效应企业偿债能力门槛的调节作用分析

企业偿债能力在国有企业和非国有企业之间存在明显的异质性，因此，企业的资本结构决策同伴效应偿债能力门槛也可能会随着企业产权性质的变化而表现出异质性。本部分基于产权性质对同伴效应的企业偿债能力门槛特征进行计量检验。

根据表 5.23 的门槛检验结果可知，当以企业流动比率为门槛时，国有企业和非国有企业均存在两个门槛值，门槛检验结果在 1% 的水平下显著，接下来对门槛值进行估计。根据表 5.24 的门槛值估计结果可知，国有企业的两个门槛值分别为 1.117 和 1.690，非国有企业的两个门槛值分别为 1.394 和 1.883。

表 5.23　基于产权性质的企业偿债能力门槛检验结果

企业类型	单门槛 （H0：无门槛）		双门槛 （H0：只有一个门槛）		三门槛 （H0：只有两个门槛）	
	F 值	P 值	F 值	P 值	F 值	P 值
国有	185.102***	0.003	120.046***	0.000	—	—
非国有	919.389***	0.000	266.838***	0.000	—	—

注：*、**和***分别代表在10%、5%和1%的显著性水平上显著。

表 5.24　基于产权性质的企业偿债能力门槛值估计结果和置信区间

企业类型	门槛	门槛值	95% 置信区间
国有	第一个	1.117	[1.103，1.142]
	第二个	1.690	[1.690，1.724]
非国有	第一个	1.394	[1.346，1.394]
	第二个	1.883	[1.883，1.983]

　　在确定门槛值后，对整个模型的系数进行估计，结果如表 5.25 所示。根据表 5.25 的估计结果可知，对国有性质的上市企业而言，当焦点企业的流动比率小于 1.117 时，同伴效应系数为 0.65，即所有同伴企业的资产负债率提高 1%，焦点企业将自身的资产负债率提高 0.65%；当焦点企业流动比率大于等于 1.117 且小于 1.690 时，同伴效应系数为 0.57，即所有同伴企业的资产负债率提高 1%，焦点企业将自身的资产负债率提高 0.57%；当焦点企业流动比率大于等于 1.690 时，同伴效应系数为 0.46，即所有同伴企业的资产负债率提高 1%，焦点企业将自身的资产负债率提高 0.46%。

表 5.25 基于产权性质的企业偿债能力门槛模型估计结果

国有企业		非国有企业	
变量	双门槛估计结果	变量	双门槛估计结果
$CR < 1.117$	0.65^{***} (15.45)	$CR < 1.394$	0.80^{***} (16.56)
$1.117 \leqslant CR < 1.690$	0.57^{***} (13.68)	$1.394 \leqslant CR < 1.883$	0.62^{***} (12.84)
$CR \geqslant 1.690$	0.46^{***} (10.62)	$CR \geqslant 1.883$	0.47^{***} (9.62)
TA	3.03^{***} (16.51)	TA	2.55^{***} (12.61)
CR	0.70 (1.11)	CR	-0.66 (-1.00)
QR	-7.48^{***} (-11.06)	QR	-2.00^{***} (-2.94)
$ROTA$	-0.75^{***} (-22.67)	$ROTA$	-0.33^{***} (-10.35)
$EPSR$	0.00^{*} (1.81)	$EPSR$	-0.00 (-0.11)
PTA	-0.48^{*} (-1.90)	PTA	-0.79^{**} (-2.53)
PCR	7.89^{***} (7.07)	PCR	8.32^{***} (6.93)
PQR	-3.18^{**} (-2.09)	PQR	-7.40^{***} (-4.56)
$PROTA$	0.65^{***} (6.43)	$PROTA$	0.87^{***} (8.03)
$PEPSR$	0.00 (0.36)	$PEPSR$	-0.00 (-0.01)
截距项	-11.89^{***} (-2.75)	截距项	-9.87^{**} (-2.08)
观测数	4446	观测数	3996
拟合优度	0.45	拟合优度	0.51
F 值	262.93^{***}	F 值	291.17^{***}
F test all $v_i=0$	12.61^{***}	F test all $v_i=0$	7.89^{***}

注：*、** 和 *** 分别代表 10%、5% 和 1% 的显著性水平上显著。括号内为 t 值。

对非国有性质的上市企业而言，当焦点企业流动比率小于 1.394 时，同伴效应系数为 0.80，即所有同伴企业的资产负债率提高 1%，焦点企业将自身的资产负债率提高 0.80%；当焦点企业流动比率大于等于 1.394 且小于 1.883 时，同伴效应系数为 0.62，即所有同伴企业的资产负债率提高 1%，焦点企业将自身的资产负债率提高 0.62%；当焦点企业流动比率大于等于 1.883 时，同伴效应系数为 0.47，即所有同伴企业的资产负债率提高 1%，焦点企业将自身的资产负债率提高 0.47%。所有门槛回归的结果均在 1% 的水平下显著。

由此可以看出，无论是国有企业还是非国有企业，企业间的资本结构决策同伴效应在偿债能力上均有两个门槛值，同伴效应的边际作用均随企业流动比率的提高而在两个门槛处分别下降，呈现边际递减的趋势。但由于国有企业的资本结构决策同伴效应在流动比率上的门槛值低于非国有企业，因此二者同伴效应的非线性形式不同。对国有企业而言，由于拥有更多的政策优待和保障，在其偿债能力不及非国有企业水平时，就会开始减少对同伴企业的学习和模仿，而非国有企业则更为谨慎，在市场竞争中更多地关注整个行业的发展情况和同伴企业的资本结构决策，同伴企业的影响较大，在偿债能力已发展到较高水平时才会减少对同伴行为的模仿。无论是国有企业还是非国有企业，此时同伴企业特征（除成长性外）对焦点企业资本结构决策的影响均是显著的。

实证结果支持了前文的假设 H3.2a：企业产权性质对我国上市公司资本结构决策行业同伴效应在焦点企业偿债能力上的门槛特征具有调节作用。

（三）产业性质对同伴效应企业偿债能力门槛的调节作用分析

本小节基于行业归属对同伴效应的企业偿债能力门槛特征进行计量检验。

根据表 5.26 的门槛检验结果可知，当以焦点企业的偿债能力为门槛时，三大产业均存在两个门槛值，门槛检验结果在 1% 的水平下显著，接下来对门槛值进行估计。根据表 5.27 的门槛值估计结果可知，第一产业企业的两个门槛值分别为 1.137 和 1.619，第二产业企业的两个门槛值分别为 1.313 和 1.907，第三产业企业的两个门槛值分别为 1.357 和 1.837。

表 5.26　基于产业性质的企业偿债能力门槛检验结果

产业	单门槛（H0：无门槛）		双门槛（H0：只有一个门槛）		三门槛（H0：只有两个门槛）	
	F 值	P 值	F 值	P 值	F 值	P 值
第一	41.273***	0.000	13.994***	0.010	—	—
第二	705.091***	0.000	196.573***	0.000	—	—
第三	344.401***	0.000	140.888***	0.000	—	—

注：*、** 和 *** 分别代表在 10%、5% 和 1% 的显著性水平上显著。

表 5.27　基于产业性质的企业偿债能力门槛值估计结果和置信区间

产业	门槛	门槛值	95% 置信区间
第一	第一个	1.137	[0.883，1.224]
	第二个	1.619	[1.347，4.310]
第二	第一个	1.313	[1.313，1.390]
	第二个	1.907	[1.780，1.918]
第三	第一个	1.357	[1.260，1.357]
	第二个	1.837	[1.718，1.974]

　　在确定门槛值后，对整个模型的系数进行估计，结果如表 5.28 所示。根据表 5.28 的估计结果可知，对第一产业的上市企业而言，当焦点企业流动比率小于 1.137 时，同伴效应系数为 -2.71，即所有同伴企业的资产负债率提高 1%，焦点企业将自身的资产负债率减少 2.71%；当焦点企业流动比率大于等于 1.137 且小于 1.619 时，同伴效应系数为 -2.84，即所有同伴企业的资产负债率提高 1%，焦点企业将自身的资产负债率降低 2.84%；当焦点企业流动比率大于等于 1.619 时，同伴效应系数为 -2.97，即所有同伴企业的资产负债率提高 1%，焦点企业将资产负债率降低 2.97%。

表 5.28　基于产业性质的企业偿债能力门槛模型估计结果

第一产业		第二产业		第三产业	
变量	双门槛估计结果	变量	双门槛估计结果	变量	双门槛估计结果
$CR < 1.137$	-2.71*** (-4.31)	$CR < 1.313$	0.77*** (17.57)	$CR < 1.357$	0.66*** (10.50)
$1.137 \leqslant CR <$ 1.619	-2.84*** (-4.53)	$1.313 \leqslant CR <$ 1.907	0.62*** (14.05)	$1.357 \leqslant CR <$ 1.837	0.50*** (7.89)
$CR \geqslant 1.619$	-2.97*** (-4.76)	$CR \geqslant 1.907$	0.47*** (10.38)	$CR \geqslant 1.837$	0.37*** (5.76)
TA	2.53*** (3.03)	TA	2.08*** (11.78)	TA	3.86*** (16.14)
CR	-1.92*** (-0.93)	CR	-4.52*** (-6.25)	CR	4.64*** (6.64)
QR	-4.19* (-1.76)	QR	1.28* (1.72)	QR	-7.51*** (-9.92)
$ROTA$	-0.37*** (-4.00)	$ROTA$	-0.48*** (-17.15)	$ROTA$	-0.50*** (-10.39)
$EPSR$	0.00 (1.37)	$EPSR$	0.00 (0.54)	$EPSR$	0.00 (0.79)
PTA	9.60*** (2.62)	PTA	-0.99*** (-3.55)	PTA	-3.57*** (-8.14)
PCR	76.86*** (3.40)	PCR	12.64*** (6.91)	PCR	9.65*** (7.94)
PQR	-122.57*** (-3.78)	PQR	-7.89*** (-3.54)	PQR	-5.42*** (-2.93)
$PROTA$	-1.77** (-2.35)	$PROTA$	0.62*** (6.42)	$PROTA$	0.35** (2.02)
$PEPSR$	0.02*** (3.62)	$PEPSR$	-0.00 (-1.00)	$PEPSR$	-0.00 (-0.91)
截距项	32.86 (0.69)	截距项	-1.84 (-0.47)	截距项	16.44** (1.99)
观测数	333	观测数	5553	观测数	2556
拟合优度	0.55	拟合优度	0.44	拟合优度	0.47
F 值	27.63***	F 值	315.10***	F 值	161.26***
F test all $v_i=0$	6.60***	F test all $v_i=0$	7.80***	F test all $v_i=0$	10.61***

注：*、** 和 *** 分别代表在 10%、5% 和 1% 的显著性水平上显著。括号内为 t 值。

对第二产业的上市企业而言，当焦点企业流动比率小于 1.313 时，同伴效应系数为 0.77，即所有同伴企业的资产负债率提高 1%，焦点企业会将自身的资产负债率提高 0.77%；当焦点企业流动比率大于等于 1.313 且小于 1.907 时，同伴效应系数为 0.62，即所有同伴企业的资产负债率提高 1%，焦点企业将自身的资产负债率提高 0.62%；当焦点企业流动比率大于等于 1.907 时，同伴效应系数为 0.47，即所有同伴企业的资产负债率提高 1%，焦点企业将自身资产负债率提高 0.47%。

对第三产业的上市企业而言，当焦点企业流动比率小于 1.357 时，同伴效应系数为 0.66，即所有同伴企业的资产负债率提高 1%，焦点企业会将自身的资产负债率提高 0.66%；当焦点企业流动比率大于等于 1.357 且小于 1.837 时，同伴效应系数为 0.50，即所有同伴企业的资产负债率提高 1%，焦点企业将自身的资产负债率提高 0.50%；当焦点企业流动比率大于等于 1.837 时，同伴效应系数为 0.37，即所有同伴企业的资产负债率提高 1%，焦点企业将自身的资产负债率提高 0.37%。所有门槛回归的结果均在 1% 的水平下显著。

由此可以看出，三大产业中均存在显著的资本结构决策同伴效应，第一产业的偿债能力门槛值最低，第二产业和第三产业的偿债能力门槛值相差不大。在第一产业中，资本结构决策同伴效应表现出显著的负向影响，且同伴效应的边际作用随着焦点企业偿债能力（流动比率）的提升而在两个门槛处分别发生递增，呈方向为负的边际递增趋势，表现出明显的非线性特征。在第二产业和第三产业中，企业资本结构决策同伴效应均表现出显著的正向影响，二者的资本结构决策同伴效应边际作用均为随着焦点企业偿债能力的提高而在两个门槛处发生减少，表现出边际递减的趋势，呈现明显的非线性特征。从同伴特征的影响来看，此时无论是第一产业、第二产业，还是第三产业的企业，大部分同伴特征因素会对焦点企业的资产负债率造成显著影响，其中第一产业的同伴企业规模、偿债能力、盈利能力和成长性均在 1% 水平上显著，第二产业中只有同伴企业成长性影响不显著，第三产业中同伴企业成长性影响不显著，盈利能力的影响在 5% 水平上显著，其余因素均在 1% 水平上显著。

综合本小节内容，假设 H3.2b "企业所属产业性质对我国上市公司资本结构决策的行业同伴效应在偿债能力上的门槛特征具有调节作用"得到验证。

（四）股票交易市场对同伴效应企业偿债能力门槛的调节作用分析

本部分将通过计量检验企业所属股票交易市场的差异是否对企业偿债能力门槛特征具有调节作用。首先，分别对三大交易市场进行门槛检验。根据表 5.29 的门槛检验结果可知，当以企业偿债能力为门槛时，三大股票交易市场均存在两个门槛值，且均在 1% 的水平下显著，接下来对门槛值进行估计。根据表 5.30 的门槛值估计结果可知，主板的两个门槛值分别为 1.380 和 1.730，创业板的两个门槛值分别为 1.867 和 5.728，中小企业板的两个门槛值分别为 1.220 和 1.727。

表 5.29　基于股票交易市场的企业偿债能力门槛检验结果

股票类型	单门槛 （H0：无门槛）		双门槛 （H0：只有一个门槛）		三门槛 （H0：只有两个门槛）	
	F 值	P 值	F 值	P 值	F 值	P 值
主板	906.545***	0.000	200.213***	0.000	—	—
创业板	58.366***	0.000	12.134***	0.003	—	—
中小企业板	160.947***	0.000	116.052***	0.000	—	—

注：*、** 和 *** 分别代表在 10%、5% 和 1% 的显著性水平上显著。

表 5.30　基于股票交易市场的企业偿债能力门槛值估计结果和置信区间

股票类型	门槛	门槛值	95% 置信区间
主板	第一个	1.380	[1.264，1.389]
	第二个	1.730	[1.730，6.423]
创业板	第一个	1.867	[1.505，1.992]
	第二个	5.728	[1.847，5.728]
中小企业板	第一个	1.220	[1.110，1.227]
	第二个	1.727	[1.684，6.949]

在确定门槛值后，对整个模型的系数进行估计，结果如表 5.31 所示。根据表 5.31 的估计结果可知，对于主板的上市企业而言，当焦点企业流动比率小于 1.380 时，同伴效应系数为 0.83，即所有同伴企业的资产负债率提高 1%，焦点企业会将资产负债率提高 0.83%；当焦点企业流动比率大于等于 1.380 且小于 1.730 时，同伴效应系数为 0.68，即所有同伴企业的资产负债率提高 1%，焦点企业将资产负债率提高 0.68%；当焦点企业流动比率大于等于 1.730 时，同伴效应系数为 0.56，即所有同伴企业的资产负债率提高 1%，焦点企业将资产负债率提高 0.56%，所有门槛回归结果均在 1% 的水平下显著。

表 5.31　基于股票交易市场的企业偿债能力门槛模型估计结果

主板		创业板		中小企业板	
变量	双门槛估计结果	变量	双门槛估计结果	变量	双门槛估计结果
$CR < 1.380$	0.83*** (21.35)	$CR < 1.867$	0.40*** (2.67)	$CR < 1.220$	0.84*** (12.67)
$1.380 \leqslant CR < 1.730$	0.68*** (17.36)	$1.867 \leqslant CR < 5.728$	0.27* (1.73)	$1.220 \leqslant CR < 1.727$	0.72*** (10.99)
$CR \geqslant 1.730$	0.56*** (14.11)	$CR \geqslant 5.728$	0.86*** (3.23)	$CR \geqslant 1.727$	0.59*** (8.90)
TA	3.19*** (19.66)	TA	3.52*** (5.40)	TA	2.88*** (9.91)
CR	0.09 (0.17)	CR	-4.81** (-2.13)	CR	-0.47 (-0.56)
QR	-2.90*** (-4.72)	QR	-4.06* (-1.75)	QR	-5.49*** (-6.10)
$ROTA$	-0.52*** (-18.60)	$ROTA$	-0.31*** (-2.58)	$ROTA$	-0.55*** (-10.70)
$EPSR$	0.00 (0.62)	$EPSR$	0.00 (0.92)	$EPSR$	0.00 (0.32)
PTA	-1.38*** (-5.74)	PTA	1.99** (2.12)	PTA	-1.70*** (-3.98)
PCR	11.02*** (10.40)	PCR	5.03 (1.22)	PCR	8.11*** (5.21)

主板		创业板		中小企业板	
变量	双门槛估计结果	变量	双门槛估计结果	变量	双门槛估计结果
PQR	-8.28*** (-6.01)	PQR	-2.82 (-0.54)	PQR	-0.12 (-0.06)
$PROTA$	0.81*** (9.09)	$PROTA$	1.10*** (2.99)	$PROTA$	0.30* (1.84)
$PEPSR$	-0.00 (-0.27)	$PEPSR$	-0.00 (-0.84)	$PEPSR$	0.00 (1.05)
截距项	-14.61*** (-3.89)	截距项	-37.81*** (-2.82)	截距项	-4.15 (-0.63)
观测数	5994	观测数	450	观测数	1998
拟合优度	0.46	拟合优度	0.46	拟合优度	0.52
F 值	357.82***	F 值	25.72***	F 值	152.78***
F test all $v_i=0$	8.51***	F test all $v_i=0$	7.35***	F test all $v_i=0$	7.58***

注：*、**和***分别代表在10%、5%和1%的显著性水平上显著。括号内为t值。

对于创业板的上市企业而言，当焦点企业流动比率小于1.867时，同伴效应系数为0.40，即所有同伴企业的资产负债率提高1%，焦点企业将资产负债率提高0.40%，门槛回归结果在1%的水平下显著；当焦点企业流动比率大于等于1.867且小于5.728时，同伴效应系数为0.27，即所有同伴企业的资产负债率提高1%，焦点企业将资产负债率提高0.27%，门槛回归结果在10%的水平下显著；当焦点企业流动比率大于等于5.728时，同伴效应系数为0.86，即所有同伴企业的资产负债率提高1%，焦点企业将资产负债率提高0.86%，门槛回归结果在1%的水平下显著。

对于中小企业板的上市企业而言，当焦点企业流动比率小于1.220时，同伴效应系数为0.84，即所有同伴企业的资产负债率提高1%，焦点企业会将资产负债率提高0.84%；当焦点企业流动比率大于等于1.220且小于1.727时，同伴效应系数为0.72，即所有同伴企业的资产负债率提高1%，焦点企业将资产负债率提高0.72%；当焦点企业流动比率大于等于1.727时，同伴效应系数为0.59，即所有同伴企业的资产负债率提高1%，焦点企业将资产负债率提高 0.59%。所有门槛回归结果均在 1% 的显著性水平下显著。

由此可以看出,三大股票市场中资本结构同伴效应均为正,主板和中小企业板市场的门槛值差异不大,而创业板的第二个门槛值明显大于其他两个市场。主板和中小企业板企业的资本结构同伴效应边际作用会随焦点企业偿债能力的增强而在两个门槛处发生递减,呈现边际递减的趋势,表现出明显的非线性形式,且每个阶段的估计结果均显著。但创业板则与另外两个交易市场有较大的差异,企业资本结构同伴效应的边际作用随焦点企业偿债能力的增加而在两个门槛处先下降后上升,虽也表现出明显的非线性状态,但在形式上却与另外两大交易市场不同,且在焦点企业偿债能力较低(第一个门槛之前)和较高(第二个门槛之后)时显著性更强(1%水平下),偿债能力处于两个门槛之间时仅在 10% 水平下显著。主板上市企业和中小企业板发行上市条件相同,二者参与市场竞争时对市场上的各类信息更为敏感,有充分的动机去学习同伴企业的行为,并以此作为自己决策时的重要参考。当企业偿债能力越强时,对债务融资和流动资金使用的相机决策能力越强,因此,同伴影响的边际作用会逐渐减少。而创业板企业的规模相对较小、治理成熟程度相对较弱,参与市场竞争的时间和经验均有限,偿债能力有限时,虽有观察和模仿同伴资本结构决策行为的动机,但在做资本结构决策时更多的是考虑自身经营状况,对同伴行为的敏感性有限。但创业板企业一般具有较高的成长性,在自身偿债能力较高时(特别是创业板企业的第二个门槛值很高),企业可能会认为自身有足够的能力来应对高债务风险,并利用资金进行更多的投资,因此此时对同伴的资本结构调整行为会更敏感、模仿动机明显增强。在关注同伴企业特征的影响时可以发现,三大交易市场中,在以企业偿债能力为门槛时,同伴企业特征均会给焦点企业的资本结构决策带来显著影响。具体来说,主板上市的企业中同伴企业的规模、偿债能力和盈利性都有十分显著的影响(显著水平 1%);中小企业板企业中,同伴企业规模和流动比率在 1%水平上显著,盈利能力在 10% 水平上显著,其他因素影响不显著;创业板企业中仅有同伴企业盈利能力在 1% 水平上显著，同伴企业规模在 5% 水平上显著，其他因素均不显著。

综合以上可知，假设 H3.2c "企业所属股票交易市场对我国上市公司资本结构决策的行业同伴效应在焦点企业偿债能力上的门槛特征具有调节作用" 得到支持。

三、行业同伴效应的企业盈利能力门槛特征及调节因素检验

企业盈利能力是企业资本结构选择的重要影响因素之一，本部分将考察随着企业盈利能力的变化，企业的资本结构决策同伴效应是否会随之出现非线性的情况，以及产权性质、行业特征和所属交易市场的调节作用。

（一）门槛估计结果

首先对企业盈利能力进行门槛检验，本小节用企业总资产收益率来反映企业盈利能力的大小，因此选择企业总资产收益率作为门槛变量进行估计。为保证计量结果的一致性，设定统一的种子值 300，检验结果如表 5.32 所示。

表 5.32　企业盈利能力门槛检验结果

单门槛 （H0：无门槛）		双门槛 （H0：只有一个门槛）		三门槛 （H0：只有两个门槛）	
F 值	P 值	F 值	P 值	F 值	P 值
65.473***	0.000	41.956***	0.000	—	—

注：*、** 和 *** 分别代表在 10%、5% 和 1% 的显著性水平上显著。

根据表 5.31 的门槛检验结果可知，当以企业总资产收益率为门槛时，存在两个门槛值，门槛检验结果在 1% 的水平下显著，接下来对门槛值进行估计，见表 5.33。

表 5.33 企业盈利能力门槛值估计结果和置信区间

门槛	门槛值 /%	95% 置信区间 /%
第一个	2.490	[2.228，2.721]
第二个	4.234	[3.334，15.859]

根据表 5.33 的门槛值估计结果可知，两个门槛值分别为 2.490% 和 4.234%。确定门槛值后，对整个模型的系数进行估计，结果如表 5.34 所示。由估计结果可知，当企业总资产收益率小于 2.490% 时，同伴效应系数为 0.76，即同伴企业的资产负债率提高 1%，焦点企业会将资产负债率提高 0.76%；当焦点企业总资产收益率大于等于 2.490% 且小于 4.234% 时，同伴效应系数为 0.71，即同伴企业的资产负债率提高 1%，焦点企业将资产负债率提高 0.71%；当焦点企业总资产收益率大于等于 4.234% 时，同伴效应系数为 0.67，即同伴企业的资产负债率提高 1%，焦点企业将资产负债率提高 0.67%，且所有门槛回归的结果均在 1% 的显著性水平下显著。

表 5.34 企业盈利能力门槛模型估计结果

变量	双门槛估计结果
$ROTA < 2.490\%$	0.76^{***} （22.05）
$2.490\% \leqslant ROTA < 4.234\%$	0.71^{***} （20.63）
$ROTA \geqslant 4.234\%$	0.67^{***} （19.30）
TA	3.39^{***} （23.37）
CR	-6.91^{***} （-15.18）
QR	0.97^{*} （1.89）
$ROTA$	-0.35^{***} （-11.22）

续表

变量	双门槛估计结果
EPSR	0.00 （1.00）
PTA	-2.22^{***} （-10.17）
PCR	8.13^{***} （9.43）
PQR	-5.66^{***} （-4.79）
PROTA	0.83^{***} （10.36）
PEPSR	-0.00 （-0.66）
截距项	2.77 （0.83）
观测数	8442
拟合优度	0.37
F 值	353.68^{***}
F test all v_i=0	9.27^{***}

注：*、** 和 *** 分别代表在 10%、5% 和 1% 的显著性水平上显著。括号内为 t 值。

由实证结果可以看出，企业资本结构同伴效应存在显著的正向影响，随着焦点企业盈利能力（总资产收益率）的增强，企业间的同伴效应边际作用将会在两个门槛处分别下降，呈现边际递减的趋势，表现出明显的非线性特征。同时，同伴企业的特征除成长性外，对焦点企业的资本结构决策也均存在显著影响。

因此，实证结果与理论预期相符，假设 H3.3 "我国上市公司资本结构决策行业同伴效应随焦点企业盈利能力的提升而具有门槛，表现为边际递减的非线性形式"得到支持。

（二）产权性质对同伴效应企业盈利能力门槛的调节作用分析

根据本书之前的研究结论，企业资本结构决策同伴效应在国有企业和非国有企业之间存在明显的异质性。在本小节将通过计量检验产权性质是否对企业盈利能力门槛特征具有调节作用。

根据表 5.35 的门槛检验结果可知，当以企业盈利能力为门槛时，国有企业存在两个门槛值，而非国有企业存在一个门槛值，门槛检验结果在 1% 的水平下显著[1]，接下来对门槛值进行估计。根据表 5.36 的门槛值估计结果可知，国有企业的两个门槛值分别为 3.348% 和 18.674%，非国有企业的门槛值为 2.715%。

表 5.35　基于产权性质的企业盈利能力门槛检验结果

企业类型	单门槛（H0: 无门槛）		双门槛（H0: 只有一个门槛）		三门槛（H0: 只有两个门槛）	
	F 值	P 值	F 值	P 值	F 值	P 值
国有	35.198***	0.000	31.065***	0.000	—	—
非国有	36.295***	0.000	21.050*	0.063	—	—

注：*、**和***分别代表在 10%、5% 和 1% 的显著性水平上显著。

表 5.36　基于产权性质的企业盈利能力门槛值估计结果和置信区间

企业类型	门槛	门槛值 /%	95% 置信区间 /%
国有	第一个	3.348	[2.949，3.370]
	第二个	18.674	[6.437，22.635]
非国有	第一个	2.715	[1.932，15.676]
	—	—	—

---

[1]　考虑到结果的准确性，本书认为至少满足 5% 的显著性水平才能通过门槛检验。

在确定门槛值后我们对整个模型的系数进行估计,结果如表 5.37 所示。根据表 5.37 的估计结果可知,对国有性质的上市企业而言,当焦点企业总资产收益率小于 3.348% 时,同伴效应系数为 0.83,即所有同伴企业的资产负债率提高 1%,焦点企业将自身的资产负债率提高 0.83%;当焦点企业总资产收益率大于等于 3.348% 且小于 18.674% 时,同伴效应系数为 0.76,即所有同伴企业的资产负债率提高 1%,焦点企业将自身的资产负债率提高 0.76%;当焦点企业总资产收益率大于等于 18.674% 时,同伴效应系数为 0.97,即所有同伴企业的资产负债率提高 1%,焦点企业将自身的资产负债率提高 0.97%。

表 5.37 基于产权性质的企业盈利能力门槛模型估计结果

国有企业		非国有企业	
变量	双门槛估计结果	变量	单门槛估计结果
$ROTA < 3.348\%$	0.83*** (20.14)	$ROTA < 2.715$	0.24*** (2.65)
$3.348\% \leqslant ROTA < 18.674\%$	0.76*** (18.49)	—	—
$ROTA \geqslant 18.674\%$	0.97*** (16.59)	$ROTA \geqslant 2.715$	0.20** (2.15)
TA	4.01*** (22.18)	TA	2.47*** (7.19)
CR	-7.21*** (-12.67)	CR	-8.67*** (-11.71)
QR	-2.62*** (-3.73)	QR	4.20*** (5.20)
$ROTA$	-0.64*** (-14.92)	$ROTA$	-0.18*** (-4.73)
$EPSR$	0.00* (1.77)	$EPSR$	0.00 (0.20)
PTA	-1.91*** (-7.27)	PTA	-4.97*** (8.16)
PCR	4.07*** (3.84)	PCR	4.67 (1.32)

国有企业		非国有企业	
变量	双门槛估计结果	变量	单门槛估计结果
PQR	3.02** (2.09)	PQR	-6.49 (-1.58)
$PROTA$	0.79*** (7.62)	$PROTA$	0.28** (2.15)
$PEPSR$	0.00 (0.36)	$PEPSR$	0.00 (1.06)
截距项	-12.64*** (-3.04)	截距项	85.80*** (8.59)
观测数	4446	观测数	3996
拟合优度	0.46	拟合优度	0.28
F 值	272.00***	F 值	113.22***
F test all v_i=0	11.24***	F test all v_i=0	9.37***

注：*、** 和 *** 分别代表在 10%、5% 和 1% 的显著性水平上显著。括号内为 t 值。

由此可以看出，从盈利能力的视角来看，国有企业的资本结构决策同伴效应门槛值高于非国有企业，同时国有企业的第二个门槛值明显高于第一个门槛值。对于国有企业而言，企业间的资本结构决策同伴效应影响方向为正，且其边际作用随着焦点企业盈利能力的增强而在第一个门槛处下降，继而在第二个门槛处上升，令同伴效应呈现明显的非线性特征。此时的同伴企业特征除成长性外，都对焦点企业的资本结构决策有显著影响。非国有企业的资本结构决策中同伴效应同样为正，但其此时仅有一个门槛值，且同伴效应的边际作用会随焦点企业盈利能力的增长而在门槛处发生递减，仍然体现出明显的非线性特征。此时非国有企业中同伴企业特征的影响在企业规模和盈利性上表现显著。一般来说，盈利能力的增强可以提高企业抵御风险的能力。随着盈利能力的增强，企业决策者在进行资本结构决策时的选择空间会更大，对同伴行为的敏感性会下降，因此资本结构决策同伴效应会发生边际递减。而对于盈利能力处于较高水平（超过第二个门槛）的国有企业，由于其政治关联较为紧密，破产风险较小，此时可能凭借高盈利水平对高财务风险的抵御，将同伴的决策行为视为一种"激进"地参与市场竞争的信号，从而更积极地模仿同伴。

因此，此部分实证结论支持了假设 H3.3a——企业产权性质对我国上市公司资本结构决策的行业同伴效应在焦点企业盈利能力上的门槛特征具有调节作用。

（三）产业性质对同伴效应企业盈利能力门槛的调节作用分析

本小节分别考察第一、第二、第三产业的企业资本结构决策同伴效应是否会随焦点企业盈利能力的变化而表现出异质门槛特征。

根据表 5.30 的门槛检验结果可知，当以焦点企业的盈利能力为门槛时，第二产业和第三产业存在两个门槛值，而第一产业仅存在一个门槛值，门槛检验结果在 1% 的水平下显著，接下来对门槛值进行估计。根据表 5.39 的门槛值估计结果可知，第一产业的门槛值为 2.721%，第二产业的两个门槛值分别为 2.231% 和 3.367%，第三产业的两个门槛值分别为 2.939% 和 10.679%。

表 5.38　基于产业性质的企业盈利能力门槛检验结果

产业	单门槛 （H0：无门槛）		双门槛 （H0：只有一个门槛）		三门槛 （H0：只有两个门槛）	
	F 值	P 值	F 值	P 值	F 值	P 值
第一	15.447***	0.000	—	—	—	—
第二	50.161***	0.000	117.853***	0.000	—	—
第三	27.602***	0.000	22.860***	0.000	—	—

注：*、** 和 *** 分别代表在 10%、5% 和 1% 的显著性水平上显著。

表 5.39　基于产业性质的企业盈利能力门槛值估计结果和置信区间

产业	门槛	门槛值 /%	95% 置信区间 /%
第一	第一个	2.721	[1.457, 3.244]
	—	—	—
第二	第一个	2.231	[1.627, 2.327]
	第二个	3.367	[2.188, 3.458]
第三	第一个	2.939	[2.728, 3.284]
	第二个	10.679	[10.356, 15.705]

在确定门槛值后，对整个模型的系数进行估计，结果如表 5.40 所示。根据表 5.40 的估计结果可知，对第一产业的上市企业而言，同伴的影响为负，当企业总资产收益率小于 2.721% 时，同伴效应系数为 -1.51%，即所有同伴企业的资产负债率提高 1%，焦点企业会将自身的资产负债率降低 1.51%；当企业总资产收益率大于等于 2.721% 时，同伴效应系数为 -1.61，即所有同伴企业的资产负债率提高 1%，焦点企业将资产负债率降低 1.61%。

表 5.40　基于产业性质的企业盈利能力门槛模型估计结果

第一产业		第二产业		第三产业	
变量	单门槛估计结果	变量	双门槛估计结果	变量	双门槛估计结果
$ROTA <$ 2.721%	-1.51*** (-2.82)	$ROTA <$ 2.231%	0.93*** (20.00)	$ROTA < 2.939\%$	0.66*** (9.70)
—	—	2.231% $\leqslant ROTA <$ 3.367%	0.89*** (18.88)	2.939% $\leqslant ROTA <$ 10.679%	0.62*** (8.91)
$ROTA \geqslant 2.721\%$	-1.61*** (-3.02)	$ROTA \geqslant 3.367\%$	0.84*** (17.97)	$ROTA \geqslant 10.679\%$	0.71*** (9.86)
TA	3.97*** (2.99)	TA	2.01*** (11.88)	TA	4.18*** (15.95)

第一产业		第二产业		第三产业	
变量	单门槛估计结果	变量	双门槛估计结果	变量	双门槛估计结果
CR	-9.32*** (-4.57)	CR	-14.19*** (-20.07)	CR	-1.76*** (-2.58)
QR	1.17 (0.47)	QR	8.28*** (10.83)	QR	-3.47*** (-4.37)
ROTA	-0.21** (-2.20)	ROTA	-0.31*** (-8.55)	ROTA	-0.55*** (-7.94)
EPSR	-0.00 (-0.10)	EPSR	0.00 (0.43)	EPSR	0.00 (1.58)
PTA	2.57 (0.79)	PTA	-1.59*** (-5.73)	PTA	-4.12*** (-8.66)
PCR	51.16*** (32.69)	PCR	22.06*** (11.64)	PCR	6.98*** (5.34)
PQR	-73.95*** (-2.71)	PQR	-15.59*** (-6.85)	PQR	-4.31** (-2.14)
PROTA	-1.22* (-1.94)	PROTA	0.67*** (6.60)	PROTA	0.48** (2.55)
PEPSR	0.01*** (3.47)	PEPSR	-0.00 (-0.18)	PEPSR	-0.00 (-0.51)
截距项	44.67 (1.13)	截距项	-2.48 (-0.58)	截距项	23.38*** (2.60)
观测数	333	观测数	5553	观测数	2556
拟合优度	0.54	拟合优度	0.38	拟合优度	0.38
F 值	28.20***	F 值	241.35***	F 值	108.96***
F test all v_i=0	11.85***	F test all v_i=0	7.98***	F test all v_i=0	9.99***

注：*、**和***分别代表在10%、5%和1%的显著性水平上显著。括号内为 t 值。

对第二产业的上市企业而言，当企业总资产收益率小于2.231%时，同伴效应系数为0.93，即所有同伴企业的资产负债率提高1%，焦点企业的资产负债率将提高0.93%；当企业总资产收益率大于等于2.231%且小于3.367%时，同伴效应系数为0.89，即所有同伴企业的资产负债率提高1%，焦点企业的资产负债率提高0.89%；当企业总资产收益率大于等于3.367%

时，同伴效应系数为 0.84，即所有同伴企业的资产负债率提高 1%，焦点企业的资产负债率提高 0.84%。

对于第三产业的上市企业而言，当企业总资产收益率小于 2.939% 时，同伴效应系数为 0.66，即所有同伴企业的资产负债率提高 1%，焦点企业会将自身的资产负债率提高 0.66%；当企业总资产收益率大于等于 2.939% 且小于 10.679% 时，同伴效应系数为 0.62，即所有同伴企业的资产负债率提高 1%，焦点企业将自身的资产负债率提高 0.62%；当企业总资产收益率大于等于 10.679% 时，同伴效应系数为 0.71，即所有同伴企业的资产负债率提高 1%，焦点企业将自身的资产负债率提高 0.71%。所有门槛回归的结果均在 1% 的显著性水平下显著。

由此可以看出，从企业盈利能力方面考虑时，三大产业的第一门槛值相差不大，第二产业的两个门槛值差异也较小，但第三产业的第二门槛值明显大于第一门槛值。此外，第一产业企业的资本结构决策同伴效应影响方向为负，且同伴效应的边际作用随着企业盈利能力的提高而在门槛处发生递增，呈现出明显的非线性特征。第二、第三产业企业的资本结构决策同伴效应影响方向均为正向，其中第二产业的同伴效应边际作用随企业盈利能力的提高而在两个门槛处依次下降，呈现边际递减倾向，同伴效应明显表现为非线性形式；第三产业企业的资本结构决策同伴效应边际作用则随企业盈利能力的提高而在两个门槛处分别出现下降和上升的变化，同样表现出明显的非线性形式。对第一产业而言，考虑到农业的特殊性，盈利能力强的企业往往是行业中研发投入较多的企业，企业管理者在进行资本结构决策时往往会结合自身的具体状况，密切关注同伴企业的行为进行综合考量，更为谨慎地做出决策，以规避较高的研发风险和财务风险。因此，随着企业盈利能力的增强，第一产业企业间的资本结构决策同伴效应虽然呈负向，却是边际递增的趋势。对第二产业而言，随着企业盈利能力的提高，企业的市场地位也随之上升，企业决策者在进行资本结构决策时会逐渐倾向于更侧重考虑自身状况而非同伴行为。对第三产业而言，在企业盈利能力处于较低水平时，随着企业盈利能力的上升，企业的市场竞争力逐渐上升，考虑到公司的健康快速发展，企业决策者将更关注自身的企业特征，但当企业盈利能力达到较高水平（超过第二个门槛值）时，获取稳定现金收入的能力较强，这可能会驱使这些企业更愿意模仿同伴企业的行为，冒更大的风险、更为主动地参与第三产业十分激烈的市场竞争，以争取更为有利的竞争地位。观察实证结果中同伴企业特征的影响可知，第一产业中同伴企业的偿债能力、盈利能力和成长性均表现显著，第二、第三产业中同伴企业除成长性外的其他特征均有显著影响。

由此，假设 H3.3b"企业所属产业性质对我国上市公司资本结构决策的行业同伴效应在焦点企业盈利能力上的门槛特征具有调节作用"得到证实。

（四）股票交易市场对同伴效应企业盈利能力门槛的调节作用分析

由于所属股票交易市场的不同会造成企业间资本结构决策同伴效应大小的显著差异，本部分继续深入研究所属股票市场的不同是否会引起资本结构同伴效应的企业盈利能力门槛特征的变化，对同伴效应的非线性形式是否会带来影响。

根据表 5.41 的门槛检验结果可知，当以企业盈利能力为门槛时，三大股票交易市场均存在两个门槛值，且均在 1% 的显著性水平下显著，接下来对门槛值进行估计。根据表 5.42 的门槛值估计结果可知，主板的两个门槛值分别为 2.928% 和 15.672%，创业板的两个门槛值分别为 4.086% 和 8.508%，中小企业板的两个门槛值分别为 3.091% 和 18.990%。

表 5.41　基于股票交易市场的企业盈利能力门槛检验结果

股票类型	单门槛（H0：无门槛）		双门槛（H0：只有一个门槛）		三门槛（H0：只有两个门槛）	
	F 值	P 值	F 值	P 值	F 值	P 值
主板	49.953***	0.000	44.691***	0.000	—	—
创业板	9.469**	0.040	29.071***	0.000	—	—
中小企业板	21.074***	0.000	52.795***	0.000	—	—

注：*、** 和 *** 分别代表在 10%、5% 和 1% 的显著性水平上显著。

表 5.42　基于股票交易市场的企业盈利能力门槛值估计结果和置信区间

股票类型	门槛	门槛值 /%	95% 置信区间 /%
主板	第一个	2.928	[1.799，3.229]
	第二个	15.672	[10.589，15.934]
创业板	第一个	4.086	[2.715，4.669]
	第二个	8.508	[-1.969，12.040]
中小企业板	第一个	3.091	[2.939，3.460]
	第二个	18.990	·[-7.029，18.990]

在确定门槛值后，对整个模型的系数进行估计，结果如表 5.43 所示。根据表 5.43 的估计结果可知，对主板的上市企业而言，当企业总资产收益率小于 2.928% 时，同伴效应系数为 0.85，即所有同伴企业的资产负债率提高 1%，焦点企业会将资产负债率提高 0.85%；当企业总资产收益率大于等于 2.928% 且小于 15.672% 时，同伴效应系数为 0.81，即所有同伴企业的资产负债率提高 1%，焦点企业将资产负债率提高 0.81%；当企业总资产收益率大于等于 15.672% 时，同伴效应系数为 0.90，即所有同伴企业的资产负债率提高 1%，焦点企业将资产负债率提高 0.90%。所有门槛回归结果均在 1% 的水平下显著。

表 5.43　基于股票交易市场的企业盈利能力门槛模型估计结果

主板		创业板		中小企业板	
变量	双门槛估计结果	变量	双门槛估计结果	变量	双门槛估计结果
$ROTA < 2.928\%$	0.85^{***} (20.26)	$ROTA < 4.086\%$	0.51^{***} (3.35)	$ROTA < 3.091\%$	0.75^{***} (10.92)
$2.928\% \leqslant ROTA < 15.672\%$	0.81^{***} (19.20)	$4.086\% \leqslant ROTA < 8.508\%$	0.37^{**} (2.48)	$3.091\% \leqslant ROTA < 18.990\%$	0.67^{***} (9.76)
$ROTA \geqslant 15.672$	0.90^{***} (19.08)	$ROTA \geqslant 8.508$	0.55^{***} (3.60)	$ROTA \geqslant 18.990$	0.90^{***} (9.73)
TA	3.67^{***} (20.93)	TA	3.63^{***} (5.49)	TA	3.14^{***} (10.38)

主板		创业板		中小企业板	
变量	双门槛估计结果	变量	双门槛估计结果	变量	双门槛估计结果
CR	-5.81*** (-10.04)	CR	-8.80*** (-4.33)	CR	-5.92*** (-7.44)
QR	0.87 (1.34)	QR	-0.44 (-0.20)	QR	-3.23*** (-3.49)
$ROTA$	-0.55*** (-14.14)	$ROTA$	-0.27* (-1.75)	$ROTA$	-0.44*** (-6.89)
$EPSR$	0.00 (1.34)	$EPSR$	0.00 (0.92)	$EPSR$	-0.00 (-0.13)
PTA	-1.91*** (-7.36)	PTA	1.62* (1.74)	PTA	-2.34*** (-5.24)
PCR	7.90*** (6.96)	PCR	5.74 (1.41)	PCR	6.37*** (3.96)
PQR	-6.62*** (-4.46)	PQR	-4.99 (-0.97)	PQR	0.05 (0.02)
$PROTA$	1.07*** (11.07)	$PROTA$	1.40*** (3.78)	$PROTA$	0.42** (2.42)
$PEPSR$	-0.00 (-1.00)	$PEPSR$	-0.00 (-1.23)	$PEPSR$	0.00 (1.28)
截距项	-11.46*** (-2.83)	截距项	-37.60*** (-2.86)	截距项	10.13 (1.49)
观测数	5994	观测数	450	观测数	1998
拟合优度	0.37	拟合优度	0.47	拟合优度	0.48
F 值	247.00***	F 值	26.90***	F 值	129.12***
F test all $v_i=0$	8.16***	F test all $v_i=0$	8.14***	F test all $v_i=0$	7.16***

注：*、** 和 *** 分别代表在 10%、5% 和 1% 的显著性水平上显著。括号内为 t 值。

对创业板的上市企业而言，当企业总资产收益率小于 4.086% 时，同伴效应系数为 0.51，即所有同伴企业的资产负债率提高 1%，焦点企业将资产负债率提高 0.51%，门槛回归结果在 1% 的水平下显著；当企业总资产收益率大于等于 4.086% 且小于 8.508% 时，同伴效应系数为 0.37，即所有同伴企业的资产负债率提高 1%，焦点企业将资产负债率提高 0.37%，门槛回归结果在 5% 的水平下显著；当企业总资产收益率大于等于 8.508% 时，同伴效应系数为 0.55，即所有同伴企业的资产负债率提高 1%，焦点企业将资产负债率提高 0.55%，门槛回归结果在 1% 的水平下显著。

对中小企业板的上市企业而言，当企业总资产收益率小于 3.091% 时，同伴效应系数为 0.75，即所有同伴企业的资产负债率提高 1%，焦点企业会将资产负债率提高 0.75%；当企业总资产收益率大于等于 3.091% 且小于 18.990% 时，同伴效应系数为 0.67，即所有同伴企业的资产负债率提高 1%，焦点企业将资产负债率提高 0.67%；当企业总资产收益率大于等于 18.990% 时，同伴效应系数为 0.90，即所有同伴企业的资产负债率提高 1%，焦点企业将资产负债率提高 0.90%。所有门槛回归结果均在 1% 的水平下显著。

由此可以看出，主板企业和中小企业板企业的两个门槛值差距较大，而创业板企业的两个门槛值差距相对较小。此外，三大股票交易市场中企业的资本结构决策同伴效应均为正向，同伴效应的边际作用均随着焦点企业盈利能力的增强而在各自的两个门槛处先后发生下降和上升，变化趋势一致，都表现出明显的非线性形态，但由于三大交易市场各自的门槛值和门槛值差距不同，因而非线性形态也各不相同。这种边际作用先下降后上升的非线性形式表明，企业盈利能力逐渐增强时，随着自身获取现金收入能力的提升，企业经营能力和管理能力日趋完善，对同伴行为的敏感度边际递减，在进行资本结构决策时往往更多地考虑自身特征。然而，在盈利能力达到较高水平（超过第二个门槛值）时，可以认为企业获取稳定现金收入的能力很强，这可能会驱使这些企业转而模仿同伴企业的行为，冒更大的风险、更为主动地参与市场竞争，以争取更为有利的竞争地位。同伴企业的特征在主板和中小企业板企业中除成长性外，几乎均对焦点企业存在显著影响，而创业板市场上，仅有企业盈利能力在 1% 水平上显著，企业规模在 10% 水平上显著。

因此，假设 H3.3c "企业所属股票交易市场对我国上市公司资本结构决策的行业同伴效应在焦点企业盈利能力上的门槛特征具有调节作用"得到了实证结果的支持。

四、行业同伴效应的企业成长性门槛特征及调节因素检验

企业成长性也是学者在对企业资本结构决策影响因素进行讨论时常探讨的因素，但之前的研究并未得到一致的结论。本小节将验证企业间的资本结构决策同伴效应是否会随着企业成长性的变化而发生变化，其形态是否会表现为非线性形式，以及一些可能起调节作用的因素。

（一）门槛估计结果

首先对企业成长性进行门槛检验，如前文变量定义时所述，本部分选择以 $EPSR$ 来表征企业成长性，并将其作为门槛变量进行估计。为保证计量结果的一致性，设定统一的种子值 300，检验结果如表 5.44 所示。

表 5.44　企业成长性门槛检验结果

单门槛 （H0：无门槛）		双门槛 （H0：只有一个门槛）		三门槛 （H0：只有两个门槛）	
F 值	P 值	F 值	P 值	F 值	P 值
167.351***	0.000	33.653***	0.000	—	—

注：*、** 和 *** 分别代表在 10%、5% 和 1% 的显著性水平上显著。

根据表 5.44 的门槛检验结果可知，当以 $EPSR$ 为门槛时，存在两个门槛值，门槛检验结果在 1% 的水平下显著，接下来对门槛值进行估计，见表 5-45。

表 5.45　企业成长性门槛值估计结果和置信区间

门槛	门槛值 /%	95% 置信区间 /%
第一个	5.000	[0.000，7.227]
第二个	44.444	[6.414，103.125]

根据表 5.45 的门槛值估计结果可知,两个门槛值分别为 5.000% 和 44.444%,在确定门槛值后,对整个模型的系数进行估计,结果如表 5.46 所示。由估计结果可知,当企业 $EPSR$ 小于 5.000% 时,同伴效应系数为 0.72,即同伴企业的资产负债率提高 1%,焦点企业会将资产负债率提高 0.72 %;当企业 $EPSR$ 大于等于 5.000% 且小于 44.444% 时,同伴效应系数为 0.75,即同伴企业的资产负债率提高 1%,焦点企业将资产负债率提高 0.75%;当企业 $EPSR$ 大于等于 44.444% 时,同伴效应系数为 0.78,即同伴企业的资产负债率提高 1%,焦点企业将资产负债率提高 0.78%,且所有门槛回归的结果均在 1% 的水平下显著。

表 5.46 企业成长性门槛模型估计结果

变量	双门槛估计结果
$EPSR < 5.000\%$	0.72*** (20.70)
$5.000\% \leqslant EPSR < 44.444\%$	0.75*** (21.74)
$EPSR \geqslant 44.444\%$	0.78*** (22.30)
TA	3.49*** (24.03)
CR	-6.55*** (-14.36)
QR	0.63 (1.23)
$ROTA$	-0.68*** (-26.31)
$EPSR$	-0.00 (-0.01)
PTA	-2.33*** (-10.67)
PCR	7.83*** (9.08)

续表

变量	双门槛估计结果
PQR	-5.00***
	(-4.23)
$PROTA$	0.71***
	(8.84)
$PEPSR$	-0.00
	(-1.63)
截距项	3.13
	(0.94)
观测数	8442
拟合优度	0.37
F 值	351.86***
F test all v_i=0	9.53***

注：*、**和***分别代表在10%、5%和1%的显著性水平上显著。括号内为 t 值。

由此可以看出，当考虑企业成长性时，我国上市公司资本结构决策中同伴效应的影响为正向，且随着焦点企业 $EPSR$ 的提高，企业间的同伴效应边际作用将会在两个门槛处分别上升，呈现明显的边际递增趋势，表现出非线性特征，与理论预期相符。与此同时，从表5.46还可以看出，除成长性之外，同伴企业特征对焦点企业的资本结构决策均有显著影响。

故实证结果支持了假设 H3.4——我国上市公司资本结构决策行业同伴效应随焦点企业成长性的增加而具有门槛，表现为边际递增的非线性形式。

（二）产权性质对同伴效应企业成长性门槛的调节作用分析

本小节进一步检验产权性质是否同样会影响资本结构决策同伴效应随企业成长性的变化而表现出的门槛特征。首先，对国有企业和非国有企业资本结构决策同伴效应的企业成长性门槛分别进行计量检验，根据表5.47的门槛检验结果可知，当以企业 $EPSR$ 为门槛时，国有企业存在一个门槛值，门槛检验结果在1%的水平下显著，非国有企业存在两个门槛值，检验结果在5%的水平下显著，接下来对门槛值进行估计。

表 5.47　基于产权性质的企业成长性门槛检验结果

企业类型	单门槛（H0：无门槛）		双门槛（H0：只有一个门槛）		三门槛（H0：只有两个门槛）	
	F 值	P 值	F 值	P 值	F 值	P 值
国有	105.352***	0.000	—	—	—	—
非国有	84.919***	0.000	6.554**	0.013	—	—

注：*、**和***分别代表在 10%、5% 和 1% 的显著性水平上显著。

根据表 5.48 的门槛值估计结果可知，国有企业的门槛值为 2.222%，非国有企业的 2 个门槛值分别为 0.000%（95% 置信区间为 [-3.311%，4.822%]）和 38.889%。在确定门槛值后，对整个模型的系数进行估计，结果如表 5.49 所示。根据表 5.49 的估计结果可知，对国有上市企业而言，当企业 $EPSR$ 小于 2.222% 时，同伴效应系数为 0.43，即所有同伴企业的资产负债率提高 1%，焦点企业将自身的资产负债率提高 0.43%；当企业 $EPSR$ 大于等于 2.222% 时，同伴效应系数为 0.47，即所有同伴企业的资产负债率提高 1%，焦点企业将自身的资产负债率提高 0.47%。

表 5.48　基于产权性质的企业成长性门槛值估计结果和置信区间

企业类型	门槛	门槛值 /%	95% 置信区间 /%
国有	第一个	2.222	[0.667，7.143]
	—	—	—
非国有	第一个	0.000	[-3.311，4.822]
	第二个	38.889	[-0.254，1900.000]

表 5.49　基于产权性质的企业成长性门槛模型估计结果

国有企业		非国有企业	
变量	单门槛估计结果	变量	双门槛估计结果
$EPSR < 2.222\%$	0.43*** (6.85)	$EPSR < 0.000\%$	0.71*** (13.03)
—	—	$0.000\% \leqslant EPSR <$ 38.889%	0.76*** (13.86)
$EPSR \geqslant 2.222\%$	0.47*** (7.48)	$EPSR \geqslant 38.889\%$	0.78*** (14.14)
TA	4.50*** (14.20)	TA	2.86*** (11.49)
CR	-5.05*** (-7.59)	CR	-7.01*** (-10.13)
QR	-3.58*** (-4.59)	QR	2.11*** (2.77)
$ROTA$	-0.61*** (-20.12)	$ROTA$	-0.57*** (-14.95)
$EPSR$	0.00 (0.94)	$EPSR$	-0.00 (-0.07)
PTA	-3.34*** (-7.39)	PTA	-1.79*** (-4.88)
PCR	12.37*** (4.84)	PCR	5.12*** (3.71)
PQR	-11.07*** (-3.84)	PQR	-4.57** (-2.45)
$PROTA$	0.31*** (3.11)	$PROTA$	0.92*** (7.26)
$PEPSR$	-0.00* (-2.04)	$PEPSR$	0.00 (0.18)
截距项	22.46*** (2.91)	截距项	4.69 (0.87)
观测数	4446	观测数	3996
拟合优度	0.35	拟合优度	0.33
F 值	178.41***	F 值	141.15***
F test all $v_i=0$	18.40***	F test all $v_i=0$	6.53***

注：*、**和***分别代表在 10%、5% 和 1% 的显著性水平上显著。括号内为 t 值。

对非国有上市企业而言，当企业 *EPSR* 小于 0.000% 时（95% 置信区间为 [-3.311%，4.822%]），同伴效应系数为 0.71，即所有同伴企业的资产负债率提高 1%，焦点企业将自身的资产负债率提高 0.71%；当企业 *EPSR* 大于等于 0.000% 且小于 38.889% 时，同伴效应系数为 0.76，即所有同伴企业的资产负债率提高 1%，焦点企业将自身的资产负债率提高 0.76%；当企业 *EPSR* 大于等于 38.889% 时，同伴效应系数为 0.78，即所有同伴企业的资产负债率提高 1%，焦点企业将自身的资产负债率提高 0.78%。所有门槛回归的结果均在 1% 显著性水平下显著。

由此可以看出，国有企业的门槛值大于非国有企业的第一个门槛值，但远小于非国有企业的第二个门槛值。此外，无论是国有企业还是非国有企业，企业间的资本结构决策同伴效应影响方向均为正，且二者的同伴效应边际作用均随着企业成长性的增强而在门槛处发生变化，且变化方向均为边际递增，显示出明显的非线性特征。由于企业的成长性越强，决策者越有动机为了抓住投资机会而开展各种融资活动，进行资本结构的调整，为了维持自己的市场竞争地位，势必更多地关注同伴企业的决策和行业的发展状况。国有企业由于相对更易获得债权人的信任，且有政府扶持，因此会在相对较低的成长性水平即开始更重视同伴的行为并对其进行模仿。同时，企业的成长性强也可以在一定程度上提升企业的风险承担能力，在进行资本结构决策时往往拥有更多的选择空间，同时能够充分考虑同伴企业的选择而进行更优的抉择，国有企业由于拥有政治关联保障，破产风险相对较小。相较于国有企业，非国有企业对待风险的态度更为谨慎，因此只有达到较强的成长性时，才会有更大的决策空间，有更强的动机去参考同伴的行为。无论是国有企业还是非国有企业，此时同伴企业特征（除成长性外）均对焦点企业的资本结构决策有显著的影响。

本部分实证结果支持了假设 H3.4a——企业产权性质对我国上市公司资本结构决策的行业同伴效应在焦点企业成长性上的门槛特征具有调节作用。

（三）产业性质对同伴效应企业成长性门槛的调节作用分析

企业成长性在三大产业之间存在明显的差异，因此，企业的资本结构决策同伴效应可能也会由于企业所属产业性质的不同而在考虑企业成长性时表现出异质的门槛特征。本小节基于产业性质，对上市公司资本结构决策同伴效应的企业成长性门槛特征进行计量检验。

根据表 5.50 的门槛检验结果可知，当以企业 $EPSR$ 为门槛时，第一产业不存在门槛值，第二产业存在一个门槛值，第三产业存在两个门槛值，门槛检验结果在 1% 的水平下显著，接下来对门槛值进行估计。根据表 5.51 的门槛值估计结果可知，以企业 $EPSR$ 为门槛时，第二产业的门槛值为 6.414%，第三产业的两个门槛值分别为 2.381% 和 55.556%。

表 5.50　基于产业性质的企业成长性门槛检验结果

产业	单门槛 （H0：无门槛）		双门槛 （H0：只有一个门槛）		三门槛 （H0：只有两个门槛）	
	F 值	P 值	F 值	P 值	F 值	P 值
第一	—	—	—	—	—	—
第二	128.134***	0.000	—	—	—	—
第三	42.640***	0.000	12.602***	0.002	—	—

注：*、** 和 *** 分别代表在 10%、5% 和 1% 的显著性水平上显著。

表 5.51　基于产业性质的企业成长性门槛值估计结果和置信区间

产业	门槛	门槛值 /%	95% 置信区间 /%
第一	—	—	—
第二	第一个	6.414	[-0.386，6.667]
第三	第一个	2.381	[-6.818，11.031]
	第二个	55.556	[-142.667，800.000]

在确定门槛值后，对整个模型的系数进行估计，结果如表 5.52 所示。根据表 5.52 的估计结果可知，对第二产业的上市企业而言，当企业 $EPSR$ 小于 6.414% 时，同伴效应系数为 0.40，即所有同伴企业的资产负债率增加 1%，焦点企业会将自身的资产负债率提高 0.40%；当企业 $EPSR$ 大于等于 6.414% 时，同伴效应系数为 0.44，即所有同伴企业的资产负债率提高 1%，焦点企业将自身资产负债率提高 0.44%。

表 5.52 基于产业性质的企业成长性门槛模型估计结果

第一产业		第二产业		第三产业	
变量	双门槛估计结果	变量	双门槛估计结果	变量	双门槛估计结果
—	—	$EPSR<6.414\%$	0.40^{***} (6.25)	$EPSR<2.381\%$	0.64^{***} (9.40)
—	—	—	—	$2.381\%\leqslant EPSR$ $<55.556\%$	0.67^{***} (9.84)
—	—	$EPSR\geqslant6.414\%$	0.44^{***} (6.96)	$EPSR\geqslant55.556\%$	0.71^{***} (10.40)
—	—	TA	2.21^{***} (7.38)	TA	4.10^{***} (15.76)
—	—	CR	-13.16^{***} (-17.12)	CR	-1.82^{***} (-2.67)
—	—	QR	8.02^{***} (9.74)	QR	-3.36^{***} (-4.23)
—	—	$ROTA$	-0.45^{***} (-16.36)	$ROTA$	-0.69^{***} (-12.88)
—	—	$EPSR$	-0.00 (-1.15)	$EPSR$	0.00 (0.73)
—	—	PTA	-3.66^{***} (-7.20)	PTA	-4.13^{***} (-8.68)
—	—	PCR	16.92^{***} (5.05)	PCR	6.68^{***} (5.12)
—	—	PQR	-16.96^{***} (-4.66)	PQR	-3.61^{*} (-1.80)
—	—	$PROTA$	0.20^{**} (1.99)	$PROTA$	0.41^{**} (2.19)
—	—	$PEPSR$	-0.00 (-1.03)	$PEPSR$	-0.00 (-0.88)

续表

第一产业		第二产业		第三产业	
变量	双门槛估计结果	变量	双门槛估计结果	变量	双门槛估计结果
—	—	截距项	58.60^{***} (6.97)	截距项	23.56^{***} (2.62)
—	—	观测数	5553	观测数	2556
—	—	拟合优度	0.32	拟合优度	0.38
—	—	F 值	193.33^{***}	F 值	109.37^{***}
—	—	F test all $v_i=0$	12.51^{***}	F test all $v_i=0$	10.08^{***}

注：*、** 和 *** 分别代表在 10%、5% 和 1% 的显著性水平上显著。括号内为 t 值。

对第三产业的上市企业而言，当企业 $EPSR$ 小于 2.381% 时，同伴效应系数为 0.64，即所有同伴企业的资产负债率提高 1%，焦点企业会将自身的资产负债率提高 0.64%；当企业 $EPSR$ 大于等于 2.381% 且小于 55.556% 时，同伴效应系数为 0.67，即所有同伴企业的资产负债率提高 1%，焦点企业将自身的资产负债率提高 0.67%；当企业 EPS 增长率大于等于 55.556% 时，同伴效应系数为 0.71，即所有同伴企业的资产负债率提高 1%，焦点企业将自身的资产负债率提高 0.71%。所有门槛回归的结果均在 1% 的显著性水平下显著。

综合以上结果可以看出，第一产业不存在门槛，这说明从企业成长性的角度考虑，第一产业中的企业资本结构决策虽然如前文已证实的那样存在同伴效应，但可能表现为线性形式。由于第一产业的企业成长性相对不高，自主创新能力较差，很多农业企业在具有一定成长性后往往出现向其他领域进行多元化发展的"背农"现象，因此整体而言，第一产业中的企业资本结构决策同伴效应不存在企业成长性门槛。第二产业只有一个门槛，且门槛值大于第三产业的第一门槛值，却远小于第三产业的第二门槛值。此外，无论是第二产业还是第三产业，企业间的同伴效应都为正向的，且其边际作用都随着焦点企业成长性的增加而在门槛处发生变化，且均呈现边际递增的状态。但因二者门槛数量和门槛值的不同，第二、第三产业的企业资本结构决策同伴效应仍然表现出截然不同的非线性特点。一般看来，第三产业的成长性大于第二产业，因此第三产业的第二门槛值远大于第二产业的门槛值,实证结果进一步印证了前文的理论观点。由于企业的成长性越高,决策者越有动机为了抓住投资机会而开展各种融资活动,进行资本结构的调整,为了维持自己的市场竞争地位,势必更多地关注同伴企业的决策和行业的发展状况。

由此,当企业分属于不同性质(三大产业)的行业时,从企业成长性的角度考虑,企业的资本结构决策同伴效应出现了不同的门槛特征,支持了前文假设 H3.4b 的结论——企业所属产业性质对我国上市公司资本结构决策的行业同伴效应在焦点企业成长性上的门槛特征具有调节作用。

(四)股票交易市场对同伴效应企业成长性门槛的调节作用分析

企业成长性在三大股票交易市场上市的企业之间存在明显的差异,因此,企业的资本结构决策同伴效应可能因企业所属交易市场的不同,而在考虑企业成长性时表现出异质的门槛特征。本小节基于企业所属股票交易市场的不同,对上市公司资本结构决策同伴效应的企业成长性门槛特征进行计量检验。

根据表 5.53 的门槛检验结果可知,当以企业成长性为门槛时,主板市场存在两个门槛值,且在 1% 的水平下显著,创业板不存在门槛值,中小企业板存在一个门槛值,且在 1% 的水平下显著。接下来对门槛值进行估计。

表 5.53　基于股票交易市场的企业成长性门槛检验结果

股票类型	单门槛 (H0:无门槛)		双门槛 (H0:只有一个门槛)		三门槛 (H0:只有两个门槛)	
	F 值	P 值	F 值	P 值	F 值	P 值
主板	149.919***	0.000	21.315***	0.000	—	—
创业板	—	—	—	—	—	—
中小企业板	31.283***	0.000	—	—	—	—

注:*、** 和 *** 分别代表在 10%、5% 和 1% 的显著性水平上显著。

根据表 5.54 的门槛值估计结果可知，主板的两个门槛值分别为 0.000%（95% 置信区间为 [-2.778%，2.057%]）和 44.444%，中小企业板的门槛值为 2.346%。在确定门槛值后，对整个模型的系数进行估计，结果如表 5.56 所示。根据表 5.55 的估计结果可知，对主板的上市企业而言，当 $EPSR$ 小于 0.000 时，同伴效应系数为 0.82，即所有同伴企业的资产负债率提高 1%，焦点企业会将资产负债率提高 0.82%；当 EPSR 大于等于 0.000 且小于 44.444 时，同伴效应系数为 0.86，即所有同伴企业的资产负债率提高 1%，焦点企业将资产负债率提高 0.86%；当 $EPSR$ 大于等于 44.444% 时，同伴效应系数为 0.89，即所有同伴企业的资产负债率提高 1%，焦点企业将资产负债率提高 0.89%。所有门槛回归结果均在 1% 的显著性水平下显著。

表 5.54　基于股票交易市场的企业成长性门槛值估计结果和置信区间

股票类型	门槛	门槛值 /%	95% 置信区间 /%
主板	第一个	0.000	[-2.778，2.057]
	第二个	44.444	[33.004，103.262]
创业板	—	—	—
	—	—	—
中小企业板	第一个	2.346	[-5.714，9.881]
	—	—	—

表 5.55　基于股票交易市场的企业成长性门槛模型估计结果

主板		创业板		中小企业板	
变量	双门槛估计结果	变量	双门槛估计结果	变量	双门槛估计结果
$EPSR<0.000\%$	0.82^{***} (19.79)	—	—	$EPSR<2.346\%$	0.31^{***} (2.93)
$0.000\% \leqslant EPSR <44.444\%$	0.86^{***} (20.67)	—	—	—	—
$EPSR \geqslant 44.444\%$	0.89^{***} (21.23)	—	—	$EPSR \geqslant 2.346\%$	0.34^{***} (3.28)

主板		创业板		中小企业板	
变量	双门槛 估计结果	变量	双门槛 估计结果	变量	双门槛 估计结果
TA	3.69^{***} (21.22)	—	—	TA	4.39^{***} (8.48)
CR	-5.51^{***} (-9.58)	—	—	CR	-7.67^{***} (-8.02)
QR	0.63^{***} (0.98)	—	—	QR	-0.40 (-0.36)
$ROTA$	-0.70^{***} (-22.62)	—	—	$ROTA$	-0.36^{***} (-7.61)
$EPSR$	-0.00 (-0.04)	—	—	$EPSR$	-0.00^{*} (-1.76)
PTA	-2.00^{***} (-7.75)	—	—	PTA	-3.87^{***} (-4.98)
PCR	7.87^{***} (6.97)	—	—	PCR	10.00^{**} (2.04)
PQR	-6.16^{***} (-4.18)	—	—	PQR	-10.49^{*} (-1.91)
$PROTA$	1.02^{***} (10.65)	—	—	$PROTA$	0.08 (0.51)
$PEPSR$	-0.00^{**} (-2.00)	—	—	$PEPSR$	0.00 (0.63)
截距项	-11.67^{***} (-2.90)	—	—	截距项	42.00^{***} (3.35)
观测数	5994	—	—	观测数	1998
拟合优度	0.37	—	—	拟合优度	0.40
F 值	254.43^{***}	—	—	F 值	99.33^{***}
F test all $v_i=0$	8.36^{***}	—	—	F test all $v_i=0$	13.12^{***}

注：*、** 和 *** 分别代表在 10%、5% 和 1% 的显著性水平上显著。括号内为 t 值。

对中小企业板的上市企业而言，当 $EPSR$ 小于 2.346% 时，同伴效应系数为 0.31，即所有同伴企业的资产负债率提高 1%，焦点企业会将资产负债率提高 0.31%；当 $EPSR$ 大于等于 2.346% 时，同伴效应系数为 0.34，即所有同伴企业的资产负债率提高 1%，焦点企业将资产负债率提高 0.34%。

所有门槛回归结果均在 1% 的显著性水平下显著。

从实证结果可以看出，从企业成长性的角度来看，虽然创业板企业中如前文已证实的结果那样存在资本结构决策同伴效应，但对创业板而言，企业往往科技含量较高，成长性较强。一般而言，成长性较弱的企业会在短期内被市场淘汰，因此不存在企业成长性门槛，其同伴效应可能在此情况下表现为线性形式。中小企业板市场的企业成长性门槛值略大于主板的第一门槛值，主板和中小企业板的企业资本结构决策同伴效应均为正向影响，且同伴效应的边际作用均随着企业成长性的增加而在各自的门槛处发生边际递增，即呈现出不同的非线性形式。对于主板企业和中小企业板企业而言，企业决策者往往需要考虑企业的成长性和未来发展空间，成长性较弱的企业由于融资能力较差，往往更倾向于根据自身状况来决定资本结构，不会急于模仿其他同伴的表现，但对成长性较强的企业而言，一方面成长性的增强会在一定程度上提升企业的融资能力，另一方面市场竞争也会促使企业更为关注同伴企业的财务决策，同伴行为会对焦点企业产生较大的影响力。主板企业由于治理更为完善、规模更大、融资能力更强、抵御风险能力更强，若其同时具备极强的成长性（超过第二门槛），更易将同伴行为视为积极参与市场竞争的信号而进行模仿和响应。从同伴企业特征上看，主板市场上所有的同伴企业特征均对焦点企业存在显著影响，而中小企业板市场上同伴的规模和偿债能力表现显著。

由此，当企业分属于不同股票交易市场时，从企业成长性的角度考虑，企业的资本结构决策同伴效应出现了不同的门槛特征，支持了假设 H3.4c——企业所属股票交易市场对我国上市公司资本结构决策的行业同伴效应在焦点企业成长性上的门槛特征具有调节作用。

第四节　行业同伴效应的同伴行为门槛及调节因素检验

一、同伴行为门槛的估计结果

通过前文的理论分析和实证结果可知，同伴企业的行为对焦点企业的资本结构决策具有显著的影响。然而，同伴效应的影响力度（边际作用）可能会随同伴企业资产负债率水平的变化而有所不同。因此，本书在研究上市公司资本结构决策同伴效应的门槛效应时，选取同伴企业的资产负债率 PDAR 作为表征同伴行为的门槛变量，考察同伴效应随着同伴企业资产负债率的变化而表现出的门槛特征。

本研究采用 bootstrap 法（自举法）对同伴企业资产负债率进行门槛检验，为保证计量结果的一致性，设定统一的种子值 300。根据表 5.56 的门槛检验结果可知，当以同伴企业资产负债率为门槛时，存在两个门槛值，门槛检验结果在 1% 的显著性水平下显著，接下来对门槛值进行估计（表 5.57）。

表 5.56　同伴行为门槛检验结果

单门槛 （H0：无门槛）		双门槛 （H0：只有一个门槛）		三门槛 （H0：只有两个门槛）	
F 值	P 值	F 值	P 值	F 值	P 值
22.884***	0.000	33.695***	0.000	—	—

注：*、** 和 *** 分别代表在 10%、5% 和 1% 的显著性水平上显著。

表 5.57　同伴行为门槛值估计结果和置信区间

门槛	门槛值 /%	95% 置信区间 /%
第一个	42.232	[41.440，42.232]
第二个	49.518	[49.413，50.662]

　　根据表 5.58 的门槛值估计结果可知，两个门槛值分别为 42.232% 和 49.518%。在确定门槛值后，对整个模型的系数进行估计，结果如表 5.59 所示。由估计结果可知，当同伴企业的资产负债率小于 42.232% 时，同伴效应系数为 1.14，即同伴企业的资产负债率提高 1%，焦点企业资产负债率将提高 1.14%；当同伴企业的资产负债率大于等于 42.232% 且小于 49.518% 时，同伴效应系数下降为 0.95，即所有同伴企业的资产负债率提高 1%，焦点企业资产负债率将提高 0.95%；当同伴企业的资产负债率大于等于 49.518% 时，同伴效应系数继续下降至 0.89，即所有同伴企业的资产负债率提高 1%，焦点企业资产负债率提高 0.89%，且所有门槛回归结果均在 1% 水平下显著。由此可以看出，我国上市公司资本结构决策同伴效应会随着同伴企业资产负债率的变化而存在显著的门槛特征。具体来说，同伴效应并不是以之前大量学者假设中的线性形式而存在的，同伴企业的决策对焦点企业的影响为显著的正向影响，但同伴效应的边际作用会随着同伴企业资产负债率的增加而在两个门槛值处发生变化，逐次下降，呈现边际递减的趋势。

表 5.58　同伴行为门槛模型估计结果

变量	双门槛估计结果
$PDAR < 42.232\%$	1.14^{***} （18.68）
$42.232\% \leqslant PDAR < 49.518\%$	0.95^{***} （21.38）
$PDAR \geqslant 49.518\%$	0.89^{***} （22.35）
TA	3.37^{***} （23.17）
CR	-6.95^{***} （-15.16）
QR	0.97^{*} （1.89）
$ROTA$	-0.59^{***} （-23.76）

变量	双门槛估计结果
EPSR	0.00* (1.66)
PTA	-2.38*** (-10.77)
PCR	6.33*** (7.13)
PQR	-3.35*** (-2.77)
PROTA	0.67*** (8.26)
PEPSR	-8.94 (-0.00)
截距项	-2.95 (-0.86)
观测数	8442
拟合优度	0.36
F 值	341.23***
F test all v_i=0	9.52***

注：*、** 和 *** 分别代表在 10%、5% 和 1% 的显著性水平上显著。括号内为 *t* 值。

除此之外，同伴企业的特征除成长性外，也对焦点企业的资本结构决策起了显著影响。上述实证结果也说明企业决策者在进行资本结构决策时，尽管会受到同伴企业的影响，但这种影响会随着同伴企业资产负债率的增加而逐渐下降，对企业决策者而言，同伴企业资产负债率过高时缺乏模仿和学习的价值，同时也在一定程度上传递着整体市场不良的信号，从而导致企业决策者减少对同伴企业的学习和模仿，这也是企业决策者理性决策的表现。

通过本部分实证检验，假设 H4.1 "我国上市公司资本结构决策的行业同伴效应随同伴企业资产负债率的提高而具有门槛，表现为边际递减的非线性形式"得到支持。

二、产权性质对同伴行为门槛的调节作用检验

根据前文的研究结论，企业资本结构决策同伴效应在国有企业和非国有企业之间存在明显的异质性，因此，本书接下来将讨论产权性质对同伴行为门槛特征的调节作用。

根据表5.59的门槛检验结果可知，当以同伴企业资产负债率为门槛时，国有企业和非国有企业均存在两个门槛值，门槛检验结果在1%的水平下显著，接下来对门槛值进行估计。根据表5.60的门槛值估计结果可知，国有企业的两个门槛值分别为63.783%和64.191%，非国有企业的两个门槛值分别为41.633%和50.494%。

表5.59　基于产权性质的同伴行为门槛检验结果

企业类型	单门槛（H0：无门槛）		双门槛（H0：只有一个门槛）		三门槛（H0：只有两个门槛）	
	F 值	P 值	F 值	P 值	F 值	P 值
国有	13.354**	0.033	43.464***	0.000	—	—
非国有	18.722***	0.000	20.297***	0.000	—	—

注：*、**和***分别代表在10%、5%和1%的显著性水平上显著。

表5.60　基于产权性质的同伴行为门槛值估计结果和置信区间

企业类型	门槛	门槛值/%	95%置信区间/%
国有	第一个	63 783	[63.647，63.862]
	第二个	64.191	[62.935，64.292]
非国有	第一个	41.633	[41.633，42.218]
	第二个	50.494	[50.437，50.745]

在确定门槛值后，对整个模型的系数进行估计，估计结果如表 5.62 所示。根据表 5.61 的估计结果可知，对国有企业而言，当同伴企业的资产负债率小于 63.783% 时，同伴效应系数为 0.49，即所有同伴企业的资产负债率提高 1%，焦点企业会将资产负债率提高 0.49%；当同伴企业的资产负债率大于等于 63.783% 且小于 64.191% 时，同伴效应系数下降为 0.33，即所有同伴企业的资产负债率提高 1%，焦点企业将资产负债率提高 0.33%；当同伴企业的资产负债率大于等于 64.191% 时，同伴效应系数反而升高至 0.54，即所有同伴企业的资产负债率提高 1%，焦点企业将资产负债率提高 0.54%。由此可以看出，国有企业中同伴企业的资产负债率对焦点企业存在显著的正向影响，且同伴效应的边际作用会随着同伴企业资产负债率的提高而在两个门槛值处发生变化，先下降后上升，表现出明显的非线性特征。在同伴企业资产负债率水平相对较低（小于第一个门槛）和较高（大于第二个门槛）的情况下，企业可能将同伴们提高负债率的行为看作积极（或激进）地参与市场竞争的信号，并且国有企业因与政府联系紧密而更容易获得政府担保、不易陷入破产困境，进一步鼓励了管理者模仿同伴的高风险行为，因而此时国有企业对同伴行为有更强的关注和模仿意愿，造成同伴效应边际作用的增大。

表 5.61 基于产权性质的同伴行为门槛模型估计结果

国有企业		非国有企业	
变量	双门槛估计结果	变量	双门槛估计结果
$PDAR < 63.783\%$	0.49^{***} (9.69)	$PDAR < 41.633\%$	1.30^{***} (12.30)
$63.783\% \leqslant PDAR < 64.191\%$	0.33^{***} (6.23)	$41.633\% \leqslant PDAR < 50.494\%$	0.99^{***} (14.38)
$PDAR \geqslant 64.191\%$	0.54^{***} (11.68)	$PDAR \geqslant 50.494\%$	0.92^{***} (14.69)
TA	3.13^{***} (16.73)	TA	2.79^{***} (11.18)
CR	-3.73^{***} (-6.48)	CR	-7.47^{***} (-10.76)

国有企业		非国有企业	
变量	双门槛估计结果	变量	双门槛估计结果
QR	-6.70*** (-9.73)	QR	2.52*** (3.30)
ROTA	-0.77*** (-22.98)	ROTA	-0.47*** (-12.85)
EPSR	0.00* (1.77)	EPSR	0.00* (1.65)
PTA	-0.58** (-2.25)	PTA	-1.86*** (-5.01)
PCR	4.60*** (3.95)	PCR	2.86** (2.02)
PQR	-1.47 (-0.95)	PQR	-3.02 (-1.60)
PROTA	0.68*** (6.60)	PROTA	0.85*** (6.60)
PEPSR	0.00 (0.12)	PEPSR	0.00 (1.51)
截距项	0.94 (0.20)	截距项	-2.50 (-0.46)
观测数	4446	观测数	3996
拟合优度	0.43	拟合优度	0.32
F 值	242.02***	F 值	137.41***
F test all $v_i=0$	12.36***	F test all $v_i=0$	6.43***

注：*、**和***分别代表在 10%、5% 和 1% 的显著性水平上显著。括号内为 t 值。

对非国有企业而言，由于其资产负债率整体水平低于国有企业，其同伴效应门槛值同样低于国有企业。当同伴企业的资产负债率小于 41.633% 时，同伴效应系数为 1.30，即所有同伴企业的资产负债率提高 1%，焦点企业会将资产负债率提高 1.30%；当同伴企业的资产负债率大于等于 41.633% 且小于 50.494% 时，同伴效应系数为 0.99，即所有同伴企业的资产负债率提高 1%，焦点企业将资产负债率提高 0.99%；当同伴企业的资产负债率大于等于 50.494% 时，同伴效应系数进一步下降为 0.92，即所有同伴企业的资产负债率提高 1%，焦点企业将资产负债率提高 0.92%。所有门槛回归的结果均在 1% 的水平下显著。

由此可知，非国有企业中，同伴企业的资产负债率对焦点企业同样存在显著的正向影响，且同伴效应表现出明显的非线性特征，其边际作用会随着同伴企业资产负债率的提高而在两个门槛值处分别发生递减，即呈现出边际递减趋势。非国有企业相较于国有企业来说虽然没有较多的政策负担，但也缺乏紧密的政治关联所提供的担保，对于负债率过高隐含的高风险会出现更明显的规避倾向，企业决策者在决定是否模仿同伴而调整自身资本结构时，会根据自身状况和市场情况进行更理性和谨慎的权衡，因此其同伴效应方向为正，但处于边际递减的状态，同伴效应的系数（同伴的影响）甚至超过了国有企业。

除偿债能力中的速动比率和成长性两个变量之外，同伴企业的特征不论是在国有企业还是非国有企业中，均对焦点企业存在显著影响。

至此，假设 H4.2a 的内容"我国上市公司资本结构决策的行业同伴效应在同伴企业资本结构上的门槛特征受到企业产权性质的调节"得到验证。

三、产业性质对同伴行为门槛的调节作用检验

上市公司资本决策同伴效应在三大产业之间存在明显的异质性，因此，本小节根据产业性质对同伴行为门槛特征进行进一步的计量检验，以验证产业性质对该门槛的调节作用。

根据表 5.62 的门槛检验结果可知，当以同伴企业资产负债率为门槛时，三大产业均存在两个门槛值，门槛检验结果在 1% 的水平下显著，接下来对门槛值进行估计。根据表 5.63 的门槛值估计结果可知，第一产业的两个门槛值分别为 46.135% 和 49.437%，第二产业的两个门槛值分别为 61.573% 和 65.449%，第三产业的两个门槛值分别为 49.463% 和 50.017%。

表 5.62　基于产业性质的同伴行为门槛检验结果

产业	单门槛 （H0：无门槛）		双门槛 （H0：只有一个门槛）		三门槛 （H0：只有两个门槛）	
	F 值	P 值	F 值	P 值	F 值	P 值
第一	6.767*	0.080	29.144***	0.000	—	—
第二	16.034***	0.000	44.610***	0.000	—	—
第三	33.854***	0.000	18.359***	0.000	—	—

注：*、** 和 *** 分别代表在 10%、5% 和 1% 的显著性水平上显著。

表 5.63　基于产业性质的同伴行为门槛值估计结果和置信区间

产业	门槛	门槛值 /%	95% 置信区间 /%
第一	第一个	46.135	[46.135，46.221]
	第二个	49.437	[44.215，49.660]
第二	第一个	61.573	[41.355，61.835]
	第二个	65.449	[65.449，65.449]
第三	第一个	49.463	[49.454，49.574]
	第二个	50.017	[48.895，50.209]

　　在确定门槛值后，对整个模型的系数进行估计，结果如表 5.65 所示。根据表 5.64 的估计结果可知，对第一产业而言，同伴企业资产负债率对焦点企业的影响为负向，当同伴企业的资产负债率小于 46.135% 时，同伴效应系数为 -6.60，即所有同伴企业的资产负债率提高 1%，焦点企业会将资产负债率降低 6.60%；当同伴企业的资产负债率大于等于 46.135% 且小于49.437% 时，同伴效应系数为 -6.01，即所有同伴企业的资产负债率提高 1%，焦点企业会将资产负债率降低 6.01%；当同伴企业的资产负债率大于等于49.437% 时，同伴效应系数为 -6.19，即所有同伴企业的资产负债率提高 1%，焦点企业会将资产负债率降低 6.19%。

表 5.64　基于产业性质的同伴行为门槛模型估计结果

第一产业		第二产业		第三产业	
变量	双门槛估计结果	变量	双门槛估计结果	变量	双门槛估计结果
$PDAR <$ 46.135%	-6.60*** (-6.12)	$PDAR <$ 61.573%	0.47*** (7.74)	$PDAR <$ 49.463%	0.78*** (9.53)
46.135% $\leqslant PDAR <$ 49.437%	-6.01*** (-6.09)	61.573% $\leqslant PDAR <$ 65.449%	0.51*** (8.85)	49.463% $\leqslant PDAR <$ 50.017%	0.63*** (7.76)
$PDAR \geqslant$ 49.437%	-6.19*** (-6.38)	$PDAR \geqslant$ 65.449%	0.64*** (12.48)	$PDAR \geqslant$ 50.017%	0.73*** (9.74)
TA	3.59*** (4.35)	TA	2.46*** (12.95)	TA	3.93*** (15.20)
CR	-4.28** (-2.10)	CR	-12.06*** (-16.67)	CR	-2.06*** (-3.05)
QR	-3.80 (-1.54)	QR	5.94*** (7.64)	QR	-3.00*** (-3.81)
$ROTA$	-0.37*** (-3.99)	$ROTA$	-0.56*** (-18.87)	$ROTA$	-0.59*** (-11.59)
$EPSR$	0.00 (1.29)	$EPSR$	0.00 (0.83)	$EPSR$	0.00 (1.49)
PTA	14.59*** (3.76)	PTA	-1.85*** (-5.79)	PTA	-4.08*** (-8.55)
PCR	27.33 (0.97)	PCR	8.87*** (4.08)	PCR	6.19*** (4.64)
PQR	-20.31 (-0.48)	PQR	-7.73*** (-3.15)	PQR	-3.33* (-1.66)
$PROTA$	0.80 (0.82)	$PROTA$	0.74*** (7.01)	$PROTA$	0.28 (1.49)
$PEPSR$	0.02*** (3.77)	$PEPSR$	-0.00 (-1.22)	$PEPSR$	-0.00 (-0.15)
截距项	90.43 (1.47)	截距项	26.74*** (4.69)	截距项	22.10** (2.37)
观测数	333	观测数	5553	观测数	2556
拟合优度	0.54	拟合优度	0.36	拟合优度	0.38
F 值	26.54***	F 值	221.24***	F 值	112.78***
F test all $v_i=0$	5.26***	FF test all $v_i=0$	7.70***	F test all $v_i=0$	9.97***

注：*、** 和 *** 分别代表在 10%、5% 和 1% 的显著性水平上显著。括号内为 t 值。

对第二产业而言，当同伴企业的资产负债率小于 61.573% 时，同伴企业效应系数为 0.47，即所有同伴企业的资产负债率提高 1%，焦点企业会将资产负债率提高 0.47%；当同伴企业的资产负债率大于等于 61.573% 且小于 65.449% 时，同伴效应系数为 0.51，即所有同伴企业的资产负债率提高 1%，焦点企业将资产负债率提高 0.51%；当同伴企业的资产负债率大于等于 65.449% 时，同伴效应系数为 0.64，即所有同伴企业的资产负债率提高 1%，焦点企业将资产负债率提高 0.64%。

对第三产业而言，当同伴企业的资产负债率小于 49.463% 时，同伴效应系数为 0.78，即所有同伴企业的资产负债率提高 1%，焦点企业会将资产负债率提高 0.78%；当同伴企业的资产负债率大于等于 49.463% 且小于 50.017% 时，同伴效应系数为 0.63，即所有同伴企业的资产负债率提高 1%，焦点企业会将资产负债率提高 0.63%；当同伴企业的资产负债率大于等于 50.017% 时，同伴效应系数为 0.73，即所有同伴企业的资产负债率提高 1%，焦点企业会将资产负债率提高 0.73%。所有门槛回归的结果均在 1% 的水平下显著。

由回归结果可以看出，第二产业的同伴效应门槛值高于第一产业和第三产业，而第一产业和第三产业的同伴效应门槛值相差不大。这主要是因为第二产业中大型国有企业较多，资产负债率整体处于较高水平，而第一产业和第三产业中非国有企业占据主导地位。根据同伴效应估计系数的变化可以发现，第一产业中同伴企业的资产负债率对焦点企业存在显著的负向影响，且同伴效应的边际作用会随着同伴企业资产负债率的提高而在两个门槛值处发生变化，从系数绝对值上可以看出，同伴效应的边际作用在第一个门槛处下降而后在第二个门槛处上升，表现出明显的非线性特征。第一产业中资本结构决策同伴效应整体为负向，表明同伴企业增加负债时，反而会使焦点企业更加谨慎地对待自身的未来发展，选择以减少自身负债的方式降低潜在风险的威胁。第二产业中的同伴效应表现出了显著的正向影响，并且边际作用会随着同伴企业资产负债率的提高而在两个门槛值处发生变化，逐次递增，表现出明显的非线性特征。对第三产业来说，同伴企业的资产负债率对焦点企业也存在显著的正向影响，且同伴效应的边际作用会随着同伴企业资产负债率的提高而在两个门槛值处发生变化，先下降后上升，同样表现出明显的非线性特征。第三产业企业的市场竞争十分激烈，企业决策者在进行资本结构决策时会非常关注同伴的行为，以随时进行自身战略的调整。因此，同伴效应边际作用的先降后升可能与市场竞争有密切关系，在同伴企业资产负债率水平相对较低（小于第一个门槛）和较高（大于第二个门槛）的情况下，企业可能将同伴们提高负债率的行为看作积极（或激进）地参与市场竞争的信号，如在科技服务或房地产行业中，企业提高资产负债率可能会被竞争对手视为即将"进攻"的信号，导致其他企业出于竞争地位的考虑而随之提高自身的资产负债率。

从同伴企业特征的影响来看，第一产业中同伴企业规模和成长性对焦点企业有显著影响，第二产业中除同伴企业成长性外，其他特征均对焦点企业有显著影响，第三产业中同伴企业的规模和偿债能力影响较为显著，其他特征不存在显著影响。

由此，假设 H4.2b"我国上市公司资本结构决策的行业同伴效应在同伴企业资本结构上的门槛特征受到企业所属产业性质的调节"得到验证。

四、股票交易市场对同伴行为门槛的调节作用检验

本小节根据所属股票交易市场的不同对同伴行为门槛特征进行进一步的计量检验，以验证股票交易市场差异对该门槛的调节作用。

根据表 5.65 的门槛检验结果可知，当以同伴企业资产负债率为门槛时，三大股票交易市场均存在两个门槛值，主板市场的门槛检验结果在 1%的水平下显著，创业板和中小企业板的门槛检验结果在 5%的显著性水平下显著，接下来对门槛值进行估计。根据表 5.66 的门槛值估计结果可知，主板市场的两个门槛值分别为 49.509%和 54.050%，创业板的两个门槛值分别为 54.103%和 55.380%，中小企业板的两个门槛值分别为 41.841%和 52.321%。

表 5.65　基于股票交易市场的同伴行为门槛检验结果

股票类型	单门槛 (H0: 无门槛)		双门槛 (H0: 只有一个门槛)		三门槛 (H0: 只有两个门槛)	
	F 值	P 值	F 值	P 值	F 值	P 值
主板	24.698***	0.080	33.453***	0.000	—	—
创业板	9.099*	0.080	21.447**	0.013	—	—
中小企业板	10.143**	0.027	7.982**	0.030	—	—

注: *、**和***分别代表在10%、5%和1%的显著性水平上显著。

表 5.66　基于股票交易市场的同伴行为门槛值估计结果和置信区间

股票类型	门槛	门槛值 /%	95% 置信区间 /%
主板	第一个	49.509	[49.423，49.509]
	第二个	54.050	[54.029，64.227]
创业板	第一个	54.103	[53.639，62.498]
	第二个	55.380	[44.885，73.761]
中小企业板	第一个	41.841	[41.841，58.797]
	第二个	52.321	[43.711，74.985]

　　在确定门槛值后，对整个模型的系数进行估计，结果如表 5.68 所示。根据表 5.67 的估计结果可知，对主板的上市企业而言，当同伴企业的资产负债率小于 49.509% 时，同伴效应系数为 1.23，即所有同伴企业的资产负债率提高 1%，焦点企业将资产负债率提高 1.23%；当同伴企业的资产负债率大于等于 49.509% 且小于 54.050% 时，同伴效应系数为 1.17，即所有同伴企业的资产负债率提高 1%，焦点企业会将资产负债率提高 1.17%；当同伴企业的资产负债率大于等于 54.050% 时，同伴效应系数为 1.12，即所有同伴企业的资产负债率提高 1%，焦点企业会将资产负债率提高 1.12%。所有门槛回归结果均在 1% 的显著性水平下显著。

表 5.67　基于股票交易市场的同伴行为门槛模型估计结果

主板		创业板		中小企业板	
变量	双门槛估计结果	变量	双门槛估计结果	变量	双门槛估计结果
$PDAR <$ 49.509%	1.23*** (18.72)	$PDAR <$ 54.103%	0.33 (1.53)	$PDAR <$ 41.841%	0.83*** (6.29)
49.509% ≤ $PDAR <$ 54.050%	1.17*** (19.21)	54.103% ≤ $PDAR <$ 55.380%	0.17 (0.83)	41.841% ≤ $PDAR <$ 52.321%	0.58*** (6.07)
$PDAR \geqslant$ 54.050%	1.12*** (20.24)	$PDAR \geqslant$ 55.380%	0.39** (2.05)	$PDAR \geqslant$ 52.321%	0.62*** (7.30)
TA	3.59*** (20.53)	TA	3.24*** (4.93)	TA	2.91*** (9.42)
CR	-5.98*** (-10.33)	CR	-7.56*** (-3.63)	CR	-6.34*** (-7.83)
QR	1.03 (1.59)	QR	-1.85 (-0.83)	QR	-2.97*** (-3.15)
$ROTA$	-0.61*** (-20.25)	$ROTA$	-0.32*** (-2.63)	$ROTA$	-0.61*** (-11.24)
$EPSR$	0.00 (1.34)	$EPSR$	0.00 (1.07)	$EPSR$	-0.00 (-0.10)
PTA	-2.05*** (-7.83)	PTA	1.21 (1.26)	PTA	-2.08*** (-4.52)
PCR	6.80*** (5.90)	PCR	0.59 (0.14)	PCR	6.40*** (3.90)
PQR	-5.60*** (-3.73)	PQR	-1.30 (-0.25)	PQR	-0.38 (-0.17)
$PROTA$	0.98*** (10.20)	$PROTA$	0.91** (2.44)	$PROTA$	0.27 (1.58)
$PEPSR$	-0.00 (-0.69)	$PEPSR$	-0.00 (-1.25)	$PEPSR$	0.00* (1.67)
截距项	-25.36*** (-5.74)	截距项	-13.96 (-0.87)	截距项	17.24** (2.40)
观测数	5994	观测数	450	观测数	1998
拟合优度	0.37	拟合优度	0.45	拟合优度	0.46
F 值	246.33***	F 值	24.68***	F 值	122.40***
F test all $v_i=0$	8.38***	F test all $v_i=0$	8.24***	F test all $v_i=0$	7.38***

注：*、** 和 *** 分别代表在 10%、5% 和 1% 的显著性水平上显著。括号内为 t 值。

对创业板的上市企业而言，只有当同伴企业的资产负债率大于等于54.380% 时，才存在显著的同伴效应，估计系数为 0.39，且仅在 5% 的水平下显著，即所有同伴企业的资产负债率提高 1%，焦点企业将资产负债率提高 0.39%。

对于中小企业板的上市企业而言，当同伴企业的资产负债率小于41.841% 时，同伴效应系数为 0.83，即所有同伴企业的资产负债率提高1%，焦点企业将资产负债率提高 0.83%；当同伴企业的资产负债率大于等于 41.841% 且小于 52.321% 时，同伴效应系数为 0.58，即所有同伴企业的资产负债率提高 1%，焦点企业会将资产负债率提高 0.58%；当同伴企业的资产负债率大于等于 52.321% 时，同伴效应系数为 0.62，即所有同伴企业的资产负债率提高 1%，焦点企业会将资产负债率提高 0.62%。所有门槛回归结果均在 1% 的显著性水平下显著。

由此可以看出，虽然三大交易市场中的企业在资本结构决策中均存在正向的同伴效应，但主板和中小企业板上市公司中的同伴效应更加显著，创业板上市公司的同伴效应仅在超过第二个门槛值时才表现显著。同时，主板上市公司的同伴效应系数明显大于创业板和中小企业板，且主板上市公司同伴效应的边际作用会随着同伴上市公司资产负债率的上升而在两个门槛值处出现边际递减的情况，表现出明显的非线性特征。

对于创业板而言，由于企业自身的特征，上市公司决策者在进行资本结构决策时往往较少受到同伴上市公司的影响。而通过门槛模型回归，可以发现当同伴上市公司的资产负债率超过 55.380% 时，创业板上市公司间才会存在显著的同伴效应，这可能是因为当同伴上市公司的资产负债率整体水平较高时发生的资本结构调整会给创业板的上市公司决策者传递有关行业发展方向的关键信息，如行业技术的突破等。出于融资和发展的角度，创业板中成长性较强的上市公司之间同伴效应将会增强，从而提高自身的资产负债率。即使在同伴企业资产负债率小于 55.380% 时，创业板企业之间的同伴效应不显著，但从系数变化上仍然可以看出其同伴效应的边际变化在两个门槛值处表现为先下降后上升，具有非线性的特征。

相比之下，中小企业板上市公司中同伴企业的资产负债率对焦点企业也存在显著的正向影响，且同伴效应的边际作用会随着同伴企业资产负债率的增加而在两个门槛值处发生变化，先下降后上升，同样表现出明显的非线性特征。中小企业板上市公司大多主业突出、成长性较强、科技含量较高，在同伴企业资产负债率相对较低或较高时，增加杠杆会被视为参与市场竞争的积极信号，激发企业决策者加强对同伴企业行为学习的动机，因此同伴效应的边际作用会较大。

从同伴企业特征的影响上来看，主板上市公司中除同伴企业成长性外，其他所有特征变量都对焦点企业资本结构决策具有显著影响，而创业板企业中仅有同伴企业盈利性在 5% 水平下显著，中小企业板的上市公司中同伴企业的规模和偿债能力中流动比率的影响显著。

本部分实证结果支持了假设 H4.2c——我国上市公司资本结构决策的行业同伴效应在同伴企业资本结构上的门槛特征受到企业所属股票交易市场的调节。

第五节 行业同伴效应的行业竞争门槛及调节因素检验

企业在市场上的竞争表现也会影响企业的资本结构决策。由于行业的竞争性存在差异，企业的管理者在进行财务决策时对外部信息的依赖程度也不尽相同。为了进一步探讨资本结构决策同伴效应在行业间的差异，本节分析时引入赫芬达尔指数 [1]（Herfindahl-Hirschrnan index，HHI），来衡量行业竞争性，分析上市企业资本结构决策同伴效应随行业竞争性的变化而可能表现出的异质性特征。

---

[1] 赫芬达尔指数反映了市场竞争的均衡状态，计算公式为 10000 乘以行业内各上市企业市场份额的平方之和。

一、门槛估计结果

首先对行业竞争性进行门槛检验。本小节选择赫芬达尔指数作为门槛变量进行估计，为保证计量结果的一致性，设定统一种子值 300，检验结果如表 5.68 和表 5.69 所示。

根据表 5.68 的门槛检验结果可知，当以赫芬达尔指数为门槛时，存在两个门槛值，门槛检验结果在 5% 的显著性水平下显著。接下来对门槛值进行估计。

表 5.68　行业赫芬达尔指数门槛检验结果

单门槛 （H0：无门槛）		双门槛 （H0：只有一个门槛）		三门槛 （H0：只有两个门槛）	
F 值	P 值	F 值	P 值	F 值	P 值
25.711***	0.000	6.614**	0.023	—	—

注：*、** 和 *** 分别代表在 10%、5% 和 1% 的显著性水平上显著。

表 5.69　行业赫芬达尔指数门槛值估计结果和置信区间

门槛	门槛值	95% 置信区间
第一个	3770.620	[1524.610，3770.620]
第二个	3871.110	[3871.110，6612.440]

根据表 5.69 的门槛值估计结果可知，两个门槛值分别为 3770.620 和 3871.110，在确定门槛值后，对整个模型的系数进行估计，结果如表 5.70 所示。

表 5.70 行业赫芬尔达指数门槛模型估计结果

变量	双门槛估计结果
$HHI < 3770.62$	0.67*** （19.12）
$3770.62 \leqslant HHI < 3871.11$	0.71*** （20.49）
$HHI \geqslant 3871.11$	0.67*** （18.05）
TA	2.76*** （18.70）
CR	-6.84*** （-14.71）
QR	0.73 （1.39）
$ROTA$	-0.57*** （-22.75）
$EPSR$	0.00 （0.74）
PTA	-1.17*** （-5.30）
PCR	5.51*** （5.72）
PQR	-2.07*** （-1.63）
$PROTA$	0.77*** （9.43）
$PEPSR$	-0.00 （-0.32）
截距项	0.46 （0.14）
观测数	8442
拟合优度	0.34
F 值	317.55***
F test all $v_i=0$	9.09***

注：*、** 和 *** 分别代表在 10%、5% 和 1% 的显著性水平上显著。括号内为 t 值。

根据表 5.70 的估计结果可知，当 *HHI* 小于 3770.62 时，同伴效应系数为 0.67，即同伴企业的资产负债率提高 1%，焦点企业将资产负债率提高 0.67%；当 *HHI* 大于等于 3770.62 且小于 3871.11 时，同伴效应系数为 0.71，即同伴企业的资产负债率提高 1%，焦点企业将资产负债率提高 0.71%；当 *HHI* 大于等于 3871.11 时，同伴效应系数为 0.67，即同伴企业的资产负债率提高 1%，焦点企业将资产负债率提高 0.67%。所有门槛回归的结果均在 1% 的显著性水平下显著。由此可以看出，考虑行业竞争性时，上市企业间的资本结构决策同伴效应影响方向为正，且随着行业 *HHI* 的提高，资本结构决策同伴效应的边际作用将在两个门槛处分别发生变化，先上升后下降，表现出非线性的形式。

由此，虽然与理论预期中的非线性形式有所不同，但实证结果依然部分支持了前文假设 H5.1 的内容——我国上市公司资本结构决策行业同伴效应随行业竞争性的增强而具有门槛，表现为边际递增的非线性形式。

二、产权性质对行业竞争性门槛的调节作用检验

前文已通过实证研究证实，产权性质对企业资本结构决策同伴效应具有调节作用，国有企业和非国有企业由于拥有的政治资源不同，获得债务融资的能力和抵御风险的能力也有差异。在不同竞争程度的行业中，企业可能对同伴的行为反应敏感程度不同，因此，本小节继续探讨在考虑到行业竞争程度变化时，企业间的资本结构决策同伴效应是否也会受到企业产权性质不同的影响而表现出异质的门槛特征。首先，本书基于企业产权性质，对资本结构决策同伴效应的行业竞争性门槛特征进行计量检验，根据表 5.71 的门槛检验结果可知，当以 *HHI* 为门槛时，国有企业和非国有企业均存在两个门槛值，门槛检验结果在 1% 的水平下显著，接下来对门槛值进行估计。

表 5.71　基于产权性质的行业赫芬达尔指数门槛检验结果

企业类型	单门槛 （H0：无门槛）		三门槛 （H0：只有两个门槛）		三门槛 （H0：只有两个门槛）	
	F 值	P 值	F 值	P 值	F 值	P 值
国有	23.823***	0.007	11.651***	0.000	—	—
非国有	7.659**	0.027	43.959***	0.000	—	—

注：*、** 和 *** 分别代表在 10%、5% 和 1% 的显著性水平上显著。

根据表 5.72 的门槛值估计结果可知，国有企业的两个门槛值分别为 3407.240 和 3580.560，非国有企业的两个门槛值分别为 1534.380 和 3247.630。在确定门槛值后，对整个模型的系数进行估计，结果如表 5.73 所示。根据表 5.73 的估计结果可知，对国有上市企业而言，当行业 *HHI* 小于 3407.24 时，同伴效应系数为 0.55，即所有同伴企业的资产负债率提高 1%，焦点企业将自身的资产负债率提高 0.55%；当行业 *HHI* 大于等于 3407.24 小于 3580.56 时，同伴效应系数为 0.59，即所有同伴企业的资产负债率提高 1%，焦点企业会将自身的资产负债率提高 0.59%；当行业 *HHI* 大于等于 3580.56 时，同伴效应系数为 0.64，即所有同伴企业的资产负债率提高 1%，焦点企业会将自身的资产负债率提高 0.64 %。

表 5.72　基于产权性质的行业赫芬达尔指数门槛值估计结果和置信区间

企业类型	门槛	门槛值	95% 置信区间
国有	第一个	3407.240	[3341.500，3407.240]
	第二个	3580.560	[3341.500，6612.440]
非国有	第一个	1534.380	[1524.610，1663.530]
	第二个	3247.630	[2295.390，3407.240]

表 5.73　基于产权性质的行业赫芬达尔指数门槛模型估计结果

国有企业		非国有企业	
变量	双门槛估计结果	变量	双门槛估计结果
$HHI < 3407.24$	0.55*** (12.90)	$HHI < 1534.38$	0.92*** (16.37)
$3407.24 \leqslant HHI < 3580.56$	0.59*** (12.06)	$1534.38 \leqslant HHI < 3247.63$	0.98*** (17.15)
$HHI \geqslant 3580.56$	0.64*** (15.02)	$HHI \geqslant 3247.63$	0.90*** (15.12)
TA	3.50*** (17.28)	TA	3.10*** (12.99)
CR	-4.44*** (-7.11)	CR	-7.67*** (-11.22)
QR	-6.04*** (-8.03)	QR	2.43*** (3.22)
$ROTA$	-0.74*** (-20.71)	$ROTA$	-0.46*** (-12.51)
$EPSR$	0.00** (2.13)	$EPSR$	0.00 (0.90)
PTA	-0.86*** (-2.97)	PTA	-1.86*** (-4.95)
PCR	6.94*** (5.98)	PCR	5.23*** (3.83)
PQR	-2.57* (-1.65)	PQR	0.92 (0.50)
$PROTA$	0.64*** (5.96)	$PROTA$	0.91*** (7.09)
$PEPSR$	-0.00 (-1.16)	$PEPSR$	0.00 (0.95)
截距项	-5.19 (-1.20)	截距项	-12.90** (-2.46)
观测数	4446	观测数	3996
拟合优度	0.43	拟合优度	0.35
F 值	239.82***	F 值	154.73***
F test all $v_i=0$	10.46***	F test all $v_i=0$	6.48***

注：*、**和***分别代表在10%、5%和1%的显著性水平上显著。括号内为 t 值。

对非国有上市企业而言，当行业 *HHI* 小于 1534.38 时，同伴效应系数为 0.92，即所有同伴企业的资产负债率提高 1%，焦点企业资产负债率提高 0.92%；当行业 *HHI* 大于等于 1534.38 且小于 3247.63 时，同伴效应系数为 0.98，即所有同伴企业的资产负债率提高 1%，焦点企业资产负债率提高 0.98%；当行业 *HHI* 大于等于 3247.63 时，同伴效应系数为 0.90，即所有同伴企业的资产负债率提高 1%，焦点企业资产负债率提高 0.90%。所有门槛回归结果均在 1% 水平下显著。

由此可以看出，国有企业的两个门槛值均大于非国有企业的门槛值，在国有企业和非国有企业中，资本结构决策同伴效应均有正向的影响。国有企业之间的资本结构决策同伴效应的边际作用会随行业 *HHT* 的提高而在两个门槛处分别增强，体现出边际递增的趋势，表现为明显的非线性形式。但非国有企业间的资本结构决策同伴效应边际作用则随行业 HHT 的提高在两个门槛处先后发生上升和下降，呈现出另一种明显的非线性形式，这一结论符合前文的理论预期。

因此，前文假设 H5.2 的内容"企业产权性质对我国上市公司资本结构的行业空间同伴效应在行业竞争性上的门槛具有调节作用"得到了实证结论的支持。

本章小结

本章通过实证分析，逐一对前文提出的假设进行了检验。

在第一节中，首先通过构造固定效应模型和参照组内均值线性模型，将同行业企业定义为同伴企业，对我国上市公司中是否存在资本结构决策行业同伴效应进行了检验。接着，为弥补用参照组内均值线性模型进行估计可能存在映射问题的不足，进一步确定企业间资本结构决策存在行业中的同伴效应，并验证当同伴群体的划分方式改变时，企业间是否依然存在资本结构决策同伴效应。本章基于上市企业间的空间网络关联，根据企业所属的行业，以及企业办公地点分别构造了上市公司的行业空间矩阵和区域空间矩阵，并采用空间 Durbin 模型对上市企业资本结构决策中同伴效应的存在性进行了进一步验证。回归结果不仅进一步支持了采用参照组内均值线性模型得到的结论，即我国上市公司的资本结构决策中存在行业同伴效应，同时证明我国上市公司在进行资本结构决策时存在区域同伴效应。行业同伴效应明显大于区域同伴效应，这表明行业同伴所传递的信息对企业的价值更大，企业对行业同伴的行为比区域同伴更为敏感，我国上市企业之间的资本结构决策同伴效应作用路径主要是行业内部的竞争性模仿和学习。此外，同伴企业（无论是行业同伴还是区域同伴）的企业特征（企业规模、偿债能力等）同样会显著影响焦点企业的资本结构决策，有些因素甚至超过了自身企业特征的影响。

紧接着，在本章的第二节中，将上市企业分别按照产权性质、产业性质，以及所属股票交易市场进行划分，基于参照组内均值线性模型考察了同伴效应在不同类型的上市企业资本结构决策中的异质性，即上述因素的调节作用。

由于行业同伴效应显著高于区域同伴效应，本章的第三节、第四节和第五节基于门槛效应模型，以前文建立的行业空间矩阵为基础，考察了当企业的基本特征（企业规模、偿债能力、盈利能力和成长性）不同时、当同伴企业资产负债率持续提高时，以及当企业所在行业的竞争性不同时，企业资本结构决策同伴效应门槛特征的异质性，探讨同伴效应是否会表现出不同的非线性形式。实证结果支持了以上述不同变量为门槛变量时，我国上市公司中的资本结构决策同伴效应表现出不同的门槛特征。由于前文实证结果已证实上市公司在产权性质、产业性质和交易市场属性上的差异对资本结构决策行业同伴效应存在调节作用，因此，本章第三、第四、第五节继续深入探讨了这些因素对不同门槛变量之下同伴效应门槛特征的调节作用。实证结论同时从另一个侧面说明在企业进行资本结构决策时会综合考虑自身特征，以及同伴企业决策行为的不同变化程度做出具有差异性的行为反应，在决策方向和变动幅度上并不具有关联效应所应表现出的一致性或对称性，为确定造成企业资本结构决策行为趋同趋势的原因除关联效应外，还有同伴效应的影响提供了间接证据。

实证分析对前文所提出的假设检验具体结果如表 5.74 所示。

表5.74 研究假设验证结果

假设内容	验证结果
H1.1: 我国上市公司在进行资本结构决策时存在行业同伴效应	支持
H1.2: 我国上市公司在进行资本结构决策时存在区域同伴效应	支持
H1.3: 相对而言，我国上市公司资本结构决策中行业同伴的影响比区域同伴的影响更大，即同伴效应发挥作用的主要路径是基于行业内竞争而产生的学习和模仿	支持
H2.1: 我国上市公司中国有企业的资本结构决策行业同伴效应高于非国有企业	支持
H2.2: 我国上市公司中第二、第三产业企业的资本结构决策行业同伴效应高于第一产业	不支持
H2.3: 我国上市公司中主板企业的资本结构决策行业同伴效应高于中小企业板和创业板企业	支持
H3.1: 我国上市公司资本结构决策行业同伴效应随焦点企业规模的增大而具有门槛，表现为边际递减的非线性形式	支持
H3.1a: 企业产权性质对我国上市公司资本结构决策行业同伴效应在焦点企业规模上的门槛特征具有调节作用	支持
H3.1b: 企业所属产业性质对我国上市公司资本结构决策行业同伴效应在焦点企业规模上的门槛特征具有调节作用	支持
H3.1c: 企业所属股票交易市场对我国上市公司资本结构决策的行业同伴效应在焦点企业规模上的门槛特征具有调节作用	支持
H3.2: 我国上市公司资本结构决策行业同伴效应随焦点企业偿债能力的增加而具有门槛，表现为边际递减的非线性形式	支持
H3.2a: 企业产权性质对我国上市公司资本结构决策行业同伴效应在焦点企业偿债能力上的门槛特征具有调节作用	支持
H3.2b: 企业所属产业性质对我国上市公司资本结构决策的行业同伴效应在焦点企业偿债能力上的门槛特征具有调节作用	支持
H3.2c: 企业所属股票交易市场对我国上市公司资本结构决策行业同伴效应在焦点企业偿债能力上的门槛特征具有调节作用	支持

假设内容	验证结果
H3.3：我国上市公司资本结构决策行业同伴效应随焦点企业盈利能力的提升而具有门槛，表现为边际递减的非线性形式	支持
H3.3a：企业产权性质对我国上市公司资本结构决策的行业同伴效应在焦点企业盈利能力上的门槛特征具有调节作用	支持
H3.3b：企业所属产业性质对我国上市公司资本结构决策的行业同伴效应在焦点企业盈利能力上的门槛特征具有调节作用。	支持
H3.3c：企业所属股票交易市场对我国上市公司资本结构决策行业的同伴效应在焦点企业盈利能力上的门槛特征具有调节作用	支持
H3.4：我国上市公司资本结构决策行业同伴效应随焦点企业成长性的增强而具有门槛，表现为边际递增的非线性形式	支持
H3.4a：企业产权性质对我国上市公司资本结构决策的行业同伴效应在焦点企业成长性上的门槛特征具有调节作用	支持
H3.4b：企业所属产业性质对我国上市公司资本结构决策的行业同伴效应在焦点企业成长性上的门槛特征具有调节作用	支持
H3.4c：企业所属股票交易市场对我国上市公司资本结构决策的行业同伴效应在焦点企业成长性上的门槛特征具有调节作用	支持
H4.1：我国上市公司资本结构决策的行业同伴效应随同伴企业资产负债率的提高而具有门槛，表现为边际递减的非线性形式	支持
H4.2a：我国上市公司资本结构决策的行业同伴效应在同伴企业资本结构上的门槛特征受到企业产权性质的调节	支持
H4.2b：我国上市公司资本结构决策的行业同伴效应在同伴企业资本结构上的门槛特征受到企业所属产业性质的调节	支持
H4.2c：我国上市公司资本结构决策的行业同伴效应在同伴企业资本结构上的门槛特征受到企业所属股票交易市场的调节	支持
H5.1：我国上市公司资本结构决策行业同伴效应随行业竞争性的增强而具有门槛，表现为边际递增的非线性形式	部分支持
H5.2：企业产权性质对我国上市公司资本结构决策的行业空间同伴效应在行业竞争性上的门槛具有调节作用	支持

第六章　主要结论、启示与展望

通过前文的分析，本书从同伴效应的影响方向和程度、同伴效应的外在表现，以及同伴效应发挥作用的机制角度探索中国情境下同伴效应对资本结构决策的作用机制，并通过对该效应影响过程中的异质性探讨，分析了影响同伴效应伴随情境变量的动态变化关系。本章将对研究的过程进行回顾，在得出研究的主要结论和启示的同时，总结研究存在的局限与不足之处，并对未来可能的研究方向做出展望。

第一节　主要研究结论

随着社会互动和社会学习理论在企业管理领域的应用逐渐深入，学者和企业经营者都注意到了大量的企业高管会将同伴企业的财务决策作为自己企业财务决策时的重要参考。资本结构可以反映企业中债务和股权的比例关系，以及风险与收益的权衡，是分析企业财务状况的重要指标之一，在很大程度上可以决定企业的收益权属，甚至企业实际管理权属和公司治理结构，因此资本结构决策是企业财务决策的重要内容。本书综合运用社会互动和社会学习视角下财务决策领域的相关研究最新成果，从同伴效应的影响方向和程度、同伴效应的外在表现，以及同伴效应发挥作用的机制等角度探索中国情境下影响上市公司资本结构决策的主要因素、同伴效应对资本结构决策的作用机制，并通过对该效应影响过程中异质性的探讨，分析影响同伴效应大小的具体原因，即同伴效应的门槛特征。同时，本书结合中国情境下本土企业实践，在理论研究的基础上，通过实证分析，提出同伴效应的外在表现形式和发挥作用的机制，为企业和有关部门进行相关决策或监管、调整政策提供理论依据。

本书综合运用了文献评述、数据分析等方法，应用 STATA 和 MATLAB 等计量分析软件，对从 CSMAR 数据库和 Wind 数据库中收集得到的相应企业财务数据进行了分析，逐层深入地探讨了以下问题：

（1）由于中国情境的特殊性，中国上市公司在股权结构构成、资本市场发展成熟程度及治理机制的完善程度等方面表现出一些与国外企业不同的特征。那么，在国外企业中已被证实的同伴效应是否在中国的企业间依然存在？它的影响怎样？行业关联往往被认为是最主要也最易被观察的同伴效应作用机制，但当同伴群体的划分方式做出改变时，资本结构决策中的同伴效应是否依然存在？由于中国政府力量的强大和中国人情社会的文化传统，地理区位因素是否也会影响资本结构决策中的同伴效应发挥作用？这种影响与行业空间同伴的影响相比较哪个更强？是什么驱动了焦点企业对同伴的行为进行模仿与学习？

（2）上市公司在产权性质、行业归属及所处股票交易市场类型等方面存在差异，这些差异是否会造成企业决策者进行资本结构决策时受到同伴企业的影响程度也存在差异？

（3）由于同伴效应是群体内部的效应，至少涉及焦点企业与同伴企业两个方面，因此同伴效应是一种相互的"作用力"，其大小一方面会受到企业自身的影响，另一方面会受到同伴企业的影响。在这种双重影响下，同伴效应往往会表现出一定的非线性特征。当企业的基本特征（企业规模、偿债能力、盈利能力和成长性）不同、同伴企业资产负债率持续增加、企业所在行业的竞争性不同时，同伴效应的非线性形式（边际）是否有差异？

同伴效应的门槛特征是否会有所不同？这种差异是否也会受企业产权性质、行业归属及所处股票交易市场类型的影响？

经过前文的具体分析论证，得出以下研究结论：

（1）企业资本结构决策存在显著的行业和区域同伴效应，但行业同伴的影响更大。

通过对沪深两市 A 股非金融上市公司 2009—2017 年间的年度财务数据与股价数据分析发现，中国上市公司的资产负债率均值为 55%，企业决策者的经营理念趋于稳健。同时，无论是按照所有权性质还是产业性质抑或股票交易市场进行划分，企业的资产负债率均存在明显的差异，国有企业的资产负债率大于非国有企业，第一产业企业的资产负债率明显小于第二产业和第三产业，创业板企业的资产负债率明显小于主板企业和中小企业板企业。企业的总资产对数、流动比率、速动比率和总资产收益率显著影响企业的资产负债率，而企业的每股收益增长率对企业的资产负债率没有影响。这说明企业的规模、偿债能力和盈利能力对企业的资本结构决策存在显著的影响，而企业成长性对其几乎没有影响。

将同行业企业定义为同伴企业后，发现同伴企业的资产负债率将显著正向影响焦点企业自身的资产负债率，即同伴企业资产负债率的提高也将会导致焦点企业资产负债率的提高，这也证明了中国上市企业的资本结构决策确实存在显著的同伴效应。此外，同伴企业的相关企业特征（企业规模、偿债能力和盈利能力）也将显著影响企业的资本结构决策，而同伴企业的成长性却没有显著影响。在加入行业、时间等固定效应，对所有自变量进行滞后一期处理，以及对自变量进行一阶差分处理后，这种显著的正相关关系依然存在。

本节基于上市企业间的网络关联，根据企业的行业以及企业办公地点所在地构造了上市企业的行业空间矩阵和区域空间矩阵对上市企业资本结构决策的"空间相关性"进行估计，发现无论是行业空间矩阵还是区域空间矩阵，上市企业资本结构决策都存在明显的"空间溢出"，即企业间的同伴效应。行业空间矩阵和区域空间矩阵的回归结果均显著为正，这一结果表明企业资本结构决策中区域空间同伴效应与行业同伴效应并存。同时，区域空间同伴效应明显小于行业空间同伴效应，且在同时考虑行业影响和区域影响后，同伴效应将不再显著，这表明我国上市企业间的同伴效应主要来源于行业内的模仿和学习，企业对同伴行为的观察、模仿和学习是为了获取更多的信息，弥补自己能力或私有信息的不足，以便降低不确定性，更好地参与行业竞争，是一种基于行业内竞争的学习行为。区域内的企业对其同伴的模仿和学习相对较弱，区域内的商会合作可能并没有产生很好的效果，而区域内的相关政策也没有很好地促进区域内的企业的合作与交流。此外，同伴企业的企业特征（企业规模、偿债能力等）同样会显著影响焦点企业的资本结构决策，有些因素甚至超过了自身企业特征的影响。

（2）行业同伴效应受到产权性质、产业性质和所属股票交易市场的调节。

由于同伴企业对焦点企业资本结构决策的影响不仅来自同伴企业的资本结构决策行为，还有同伴企业特征的影响，同时，不同属性的公司资产负债率存在较大差异，因此本书将上市企业分别按照产权性质、产业性质，以及股票交易市场进行划分，考察了行业同伴效应的强弱在不同类型的上市企业资本结构决策中的异质性。

将上市企业按照产权性质进行划分时发现，国有企业受政策因素的干预，在进行资本结构决策时往往更容易受同伴企业的影响，从而导致国有企业间的同伴效应明显大于非国有企业。同时，无论是国有企业还是非国有企业，同伴效应均为正向影响，即本企业的资产负债率随着同伴企业资产负债率的增加而上升；将上市企业按照产业性质进行划分，由于受到行业竞争性的影响，第一产业企业间的同伴效应大于第二产业，第二产业大于第三产业。值得一提的是，第二产业和第三产业间的同伴效应均为正值，但第一产业的同伴效应为负。结合我国国情来看，这主要是由于第一产业中的农业企业往往因研发成本过高、科研实力较弱而在具有一定实力后借助融资开始多元化经营，出现"背农"的现象。这一行为对并无类似打算的其他企业没有太大参考价值，反而会促使其他企业在决策时采取更为谨慎保守的态度以抵抗因行业环境变化而可能出现的风险；国有企业中，以农业企业为代表的第一产业中的企业，由于管理者具有较高的维护政治声誉和经理人声誉的动机，以及与政府联系更为密切带来的信息"搭便车"行为的存在，在决策时可能会表现出较之第二、第三产业企业更明显的对同伴行为模仿的动机。将上市企业按照股票交易市场进行划分，创业板企业间不存在显著的同伴效应，主板企业的同伴效应大于中小企业板企业。对主板企业而言，企业的规模较大的同时发展也较为成熟，考虑到市场的风险性，企业决策者在进行资本结构决策时往往需要关注整个行业的情况，从而做出理性的判断，因此主板企业的同伴效应较大；对创业板企业而言，由于其科技含量较高、成长性较强，企业决策者在进行资本结构决策时往往更加关注企业的未来发展，同时创业板企业退市频繁，因此同行业的相关企业往往不具有参考和学习的价值，同伴效应在创业板中并不显著。

（3）资本结构决策中的行业同伴效应会呈现异质性的门槛效应，并受焦点企业产权性质、产业性质和所属股票交易市场的调节。

整体来看，我国上市公司资本结构决策中的同伴效应将随着焦点企业的特征（企业规模、偿债能力、盈利能力、成长性）、同伴企业资产负债率，以及行业竞争性的变化而表现出显著的门槛特征。具体来说，以企业规模、偿债能力、盈利能力为门槛时，存在两个门槛值，企业间的资本结构决策同伴效应为正，且随着焦点企业相应特征值的增加，同伴效应会分别在两个门槛处发生边际递减，表现为非线性形式；而以企业成长性为门槛时，也存在两个门槛值，我国上市公司资本结构决策中同伴效应的影响依然为正，但随着焦点企业每股收益增长率的提高，企业间的同伴效应呈现边际递增趋势，表现出不同的非线性形式。当选择同伴企业资产负债率为门槛变量时，同伴企业的资本结构决策对焦点企业的影响为显著的正向影响，但同伴效应的边际作用会随着同伴企业资产负债率的提高而在两个门槛处发生边际递减的变化，这表明同伴效应以非线性的形式存在。同时，上述门槛特征在国有企业与非国有企业之间、三大产业之间和三大股票交易市场之间也存在明显的区别。在门槛数量、门槛值等方面的差异使同伴效应在国有企业与非国有企业之间、三大产业之间和三大股票交易市场之间表现出各种不同形态的线性或非线性形式。

以行业竞争程度为门槛变量时，发现整体上市企业存在两个门槛值，上市企业间的资本结构决策同伴效应为正，随着行业赫芬达尔指数的增加，资本结构决策同伴效应的边际作用将在两个门槛处分别发生变化，先上升后下降，表现出非线性的形式。考虑到企业产权性质的差异时，本书发现国有企业和非国有企业均有两个门槛，资本结构决策同伴效应均有正向的影响。但国有企业间的资本结构决策同伴效应边际作用会随行业赫芬达尔指数的增高而在两个门槛处分别增强，体现出边际递增的趋势；而非国有企业间的资本结构决策同伴效应边际作用则随行业赫芬达尔指数的提高在两个门槛处先后发生上升和下降，呈现出另一种明显的非线性形式。

第二节　研究启示

与股权融资相比，债务融资可以为企业带来融资成本低、融资速度快等好处，并且采用债权融资可以最大限度地避免触及企业的所有权和控制权，还能发挥财务杠杆的调节作用，信息披露成本相对也较低，因此是十分常见的企业融资手段。但当企业陷入危机或战略不具有竞争优势时，偿还债务的压力也进一步增大了企业的经营风险，因此近年来频繁出现企业债务违约现象。总体看来，我国非金融企业部门的杠杆率长期居于较高水平，我国债务型经济特征明显，长期高负债运营给整个实体经济的发展带来了巨大的风险。因此，如何稳步推进企业负债率的降低、推动我国实体经济平稳、有序地降杠杆，是当前企业与政府共同面对的难题。

一、对企业决策及公司治理的启示

对企业管理者来说，资本结构是分析企业财务状况的重要指标之一，在很大程度上可以决定企业的收益权属，甚至企业实际管理权属和公司治理结构。因此，资本结构决策是公司财务决策的重要部分。以往的研究表明，管理者在决定资本结构时，其决策函数中所包含的因素并未将同伴企业之间的互动考虑进去。

本书的研究结论证实，企业的资本结构决策行为除受自身属性影响外，还受到同伴企业决策行为及同伴企业特征的影响。同伴企业的资本结构决策行为作为一种重要信息，是企业管理者在决策之前进行外部信息综合分析时的重要构成部分，管理者会基于理性思考，将同伴的行为作为自己决策时的重要参考。同时，企业不仅在行业空间中受到同伴影响，在地理区域空间中也会受到同伴的影响。归根到底，同伴行为之所以具有溢出效应，是由企业之间基于竞争的模仿与学习行为导致的。企业间的交流和互动为决策者提供了大量信息，可以弥补自身私人信息的不完整，降低环境的不确定性；除了直接的交流式学习获取到的信息外，企业还可以通过观察式学习得到相关提示。因此，首先，股东和管理者都应重视这一社会学习和信息获取的过程，可以积极利用行业协会和各地商会等搭建的平台，发挥社会资本的效用，参与各种社会网络内的同伴企业互动，从中获取有利于企业参与竞争和未来发展所需的信息；同时，在管理团队内部也应加强沟通与交流，利用各管理者社会网络的交织最大限度地拓宽信息来源、增加成员间的信息共享，以便在最终做出融资决策之前能够结合企业具体状况充分权衡各种因素。

其次，无论是通过与行业同伴的互动还是与区域同伴的互动，股东与管理者收获的信息中都会混合着大量的噪声。管理者需要不断提升自己的甄别能力，如此才能够从海量的信息中鉴别出对企业未来参与行业内市场竞争有价值的部分并将其纳入自己的决策函数。企业则有必要更加注重对管理者个人能力水平的鉴定和考核，通过多种渠道综合了解管理者能力，而非仅依靠企业在行业内的相对业绩表现。

最后，当信息不完全时或出于维护声誉的考虑，管理者容易根据有限的信息和同伴的反应"跟风而动"，做出非理性的羊群行为。因此，在企业进行管理者薪酬制度和其他激励计划设计时，也应关注何种措施可以更好地增强管理者的组织认同感和忠诚度，激发管理者提升企业价值的积极性和主动性，以利于进一步降低代理成本。

二、对政府决策及监管的启示

首先，通过本书研究可知，企业资本结构决策中存在同伴效应，单个企业的决策可能对同伴企业的相关决策具有空间溢出作用，其资本结构的调整行为会通过企业间的社会互动扩散给空间中的其他同伴企业，从而使资本结构的变动和调整"蔓延"至更大的范围或更大的程度。因而，单个企业调高资本负债率的行为有可能会通过同伴效应的作用而层层叠加形成数倍于单个企业层面风险的系统性债务风险，威胁实体经济的健康发展。而政府在制定去杠杆相关政策时，也需要充分考虑同伴效应的存在，政策不仅对企业存在直接的影响，还会通过企业之间的互动被进一步放大和扩散。在推进去杠杆进程时，政府应在充分利用同伴效应达到事半功倍效果的同时，警惕这种溢出的乘数效应可能带来的流动性不足、信用危机等潜在隐患，把握好政策推行的力度和节奏。本书的研究结论还显示，资本结构决策同伴效应具有门槛效应。由于同伴企业资产负债率调整的范围不同、企业具有异质性的特征、各行业的竞争性也有差异，因此，企业在考虑是否模仿同伴的资本结构选择时，可能仅在某些特征值的一定范围内有更强烈的模仿意愿，同时这种门槛特征在国有企业与非国有企业之间、三大产业之间和三大股票交易市场之间也存在明显的差异，表现出不同的非线性形式。这一结论进一步支持了中央在2018年提出的"结构性去杠杆"基本思路的正确性。应继续分部门、分债务类型提出不同的去杠杆要求，注意对不同性质的企业应有政策上的针对性，并将去杠杆的重点放在国企身上，加强国有企业资产负债约束，首先防范化解国有企业债务风险。这对提高金融资源配置效率、有效化解我国整体债务风险具有重要意义。

其次，在对企业负债情况进行监管时，上海证券交易所、深圳证券交易所和中国证监会等监管部门当前的主要关注点仍聚焦在单个企业身上，对单个企业的高债务风险进行年报审查和公开问询等，但并未过多留意企业间负债率的调整可能由于同伴的影响而发生趋同的现象。因此，监管部门也有必要建立和完善企业过度负债预警机制，充分考虑同伴效应的存在，在发生区域或行业内企业负债率的异常趋同趋势时及时发出预警，以便及时进行干预和调控，避免单个企业风险发生叠加而过度积聚。监管部门同样有责任利用同伴效应的溢出性引导优秀管理经验在企业中扩散，例如，进一步完善上市公司中的独立董事制度，更好地发挥独立董事监督制衡管理者决策权的作用，改善上市公司内的治理结构，降低管理者自利行为的发生概率。

最后，研究发现，企业的资本结构决策除了受到行业内同伴企业的影响外，还会受到区域内同伴企业的影响，且企业对行业同伴的行为更加敏感。这表明，在企业借助社会网络开展互动进行社会学习时，各类地方商会在当下为促进企业更好地参与竞争方面所起的作用还不够明显，在未来尚有较大的发展空间。虽然我国地域商会、异地商会等组织为管理者的互动交流提供了平台，具有活跃的区域协同力，但更直接的作用还是落实在为管理者拓展人脉、构建人情网络、提高社会资本水平上，对提高企业的信息优势、增强竞争力等仅起间接作用。因此，政府应重视地方商会，充分发挥政策指引作用，以促进各级、各类型地方商会的建设与相互交流，扩大商会的影响力，进一步引导地方商会和行业协会的良性发展。

第三节　研究不足与展望

一、研究不足

本研究的不足主要表现在以下四个方面。

第一，在样本选择方面，本书选用了年度数据来研究同伴效应在企业资本结构决策中的作用。尽管已能够验证同伴效应的影响并捕捉其具体的作用，但是就实际情况而言，企业决策者在面对市场环境和政策环境变化时往往需要做出较快应对，因此季度数据甚至月度数据可能更能直接、有效地反映同伴效应的作用和影响。同时，由于政策的多样性和复杂性，本书没有考虑政府政策对企业资本结构决策的影响。

第二，本书仅从整体角度验证和估计了行业和区域同伴效应对企业资本结构决策的影响。但是，现实中上市企业间的同伴效应往往通过更为复杂多样的机制对企业的资本结构决策产生影响，如企业间的合作项目、企业高层社会联系的密切程度，以及企业所属的集团等。由于这些信息过于庞大和复杂，且部分信息属于企业内部信息，数据未有披露，难以获取，本书未从这些角度进行具体分析。

第三，限于篇幅，本书在同伴效应门槛特征部分仅针对影响更大的行业同伴效应进行了探讨，并未深入分析区域同伴效应的门槛特征和调节因素。

第四，本书分析时将焦点企业整体作为一个决策主体来看待，但企业中真正做出决策的是管理者，而本书并未将研究视角进一步集中在具有异质性的管理者身上。

二、未来研究展望

本书认为，未来可以从以下三个方面对资本结构决策同伴效应展开进一步的研究。

第一，在数据允许的情况下，深入考察不同参照群体选择时的资本结构决策同伴效应影响。在界定同伴群体时，可以从企业高管的社会网络、企业间的合作、企业所属的集团等视角出发，梳理企业间的深层次交流，构建上市企业间的同伴网络，研究不同的同伴对企业资本结构决策影响的差异和作用路径，其分析结果将对上市企业的资本结构决策产生深远的指导意义，同时对中国上市企业的健康发展起促进作用，也为政府对金融产业的合理监管提供依据。

第二，在现实中，作为真实决策者的企业管理者在各自的社会网络，对环境的敏感程度，对信息的获取、理解和认识水平，对同伴行为的判断，对风险的接受能力等方面的差异都会影响管理者最终的决策行为。因此，管理者的异质性，以及进一步延伸而来的焦点企业的异质性在分析同伴效应时将是一个十分值得进一步深入探讨的问题。这方面的研究成果将更深层地揭示同伴效应的作用机制，为上市企业管理方式的改进和财务决策的制订提供更多的参考。

第三，根据现有的研究结论及其他大量学者对类似问题的研究过程，同伴效应通常是将同伴行为作为一种投入来研究其对焦点企业行为的影响。然而，焦点企业的模仿和学习仅仅只是一种企业决策行为上的改变，并未直接与最终的企业业绩发生联系，即我们只发现同伴效应会影响人们或企业的决策行为，但暂不能得出这种模仿行为带来的结果究竟是更好或者更坏。这一点当前极少有文献关注，可作为今后研究内容的拓展方向之一。

参考文献

[1] 蔡香梅. 农业上市公司资本结构特征研究 [J]. 财会通讯，2009（32）：34-35.

[2] 曹妍. 大陆移民学生如何影响香港本地学生的学业成就：基于 PISA 数据的同伴效应实证研究 [J]. 教育与经济，2013（4）：47-55.

[3] 陈超，饶育蕾. 中国上市公司资本结构、企业特征与绩效 [J]. 管理工程学报，2003（1）：70-74.

[4] 陈德萍，曾智海. 资本结构与企业绩效的互动关系研究：基于创业板上市公司的实证检验 [J]. 会计研究，2012（8）：66-71+97.

[5] 陈晓红，万光羽，曹裕. 行业竞争、资本结构与产品市场竞争力 [J]. 科研管理，2010，31（4）：188-196.

[6] 陈运森，郑登津. 董事网络关系、信息桥与投资趋同 [J]. 南开管理评论，2017（3）：159-171.

[7] 代文. 管理者过度自信与上市公司的融资偏好的相关性研究：来自房地产上市公司的经验数据 [J]. 武汉理工大学学报（社会科学版），2015（1）：100-106.

[8] 丁维莉，章元. 局部改革与公共政策效果的交互性和复杂性 [J]. 经济研究，2009（6）：28-39.

[9] 杜育红，袁玉芝. 教育中的同伴效应研究述评：概念、模型与方法 [J]. 教育经济评论，2016（3）：77-91.

[10] 范从来，王海龙. 上市公司资本结构与公司投资行为之间关系的实证

研究 [J].当代财经，2006（11）：43-47.

[11] 方军雄.高管超额薪酬与公司治理决策 [J].管理世界，2012（11）：144-155.

[12] 冯戈坚，王建琼.企业创新活动的社会网络同 [J].管理学报，2019(12)：1809-1819.

[13] 傅超，杨曾，傅代国."同伴效应"影响了企业的并购商誉吗：基于我国创业板高溢价并购的经验证据 [J].中国软科学，2015（11）：94-108.

[14] 龚晓京.人情、契约与信任 [J].北京社会科学，1999（4）：124-127.

[15] 巩鑫，唐文琳.我国上市公司融资决策的同伴效应研究 [J].经济问题，2020（1）：54-63.

[16] 郭路，刘霞辉，孙瑾.中国货币政策和利率市场化研究：区分经济结构的均衡分析 [J].经济研究，2015（3）：18-31.

[17] 洪道麟，熊德华，刘力.所有权性质、多元化和资本结构内生性 [J].经济学（季刊），2007（7）：1165-1184.

[18] 洪锡熙，沈艺峰.我国上市公司资本结构影响因素的实证分析 [J].厦门大学学报（哲社版），2000（3）：114-120.

[19] 洪雁，王端旭.管理者真能"以德服人"吗：社会学习和社会交换视角下伦理型领导作用机制研究 [J].科学学与科学技术管理，2011(7)：175-179.

[20] 侯丽，钟田丽，张天宇.高管权力、机构投资者异质性与资本结构调整速度 [J].东北大学学报（自然科学版），2018（7）：1053-1058.

[21] 胡国柳，黄景贵.资本结构选择的影响因素：来自中国上市公司的新证据 [J].经济评论，2006（1）：35-40.

[22] 胡建雄，茅宁.国外资本结构调整研究述评及展望 [J].外国经济与管理，2014（8）：62-72.

[23] 胡援成.企业资本结构与效益及效率关系的实证研究 [J].管理世界，2002（10）：146-147+ 152.

[24] 黄贵海，宋敏.资本结构的决定因素：来自中国的证据 [J].经济学（季刊），2004（1）：395-414.

[25] 黄国良，董飞，李寒俏.管理防御视域下的管理者特征与公司业绩研究 [J].商业研究，2010（9）：54-58.

[26] 黄国良，刘梦.经理人行为惯性、产权性质与资本结构研究 [J].重庆理工大学学报（自然科学），2019（5）：177-183.

[27] 黄继承，阚铄，朱冰，等.经理薪酬激励与资本结构动态调整 [J].管理世界，2016（11）：156-171.

[28] 黄晓波，冯浩.农业类上市公司股权结构与公司绩效实证分析 [J].中国农村经济，2006（10）：67-71.

[29] 江伟.董事长个人特征、过度自信与资本结构 [J].经济管理，2011（2）：78-85.

[30] 江伟，黎文靖.董事会独立性、管理者过度自信与资本结构决策 [J].山西财经大学学报，2009（9）：64-70.

[31] 姜付秀，黄继承.CEO 财务经历与资本结构决策 [J].会计研究，2013（5）：27-34+95.

[32] 姜付秀，刘志彪.行业特征、资本结构与产品市场竞争 [J].管理世界，2005（10）：74-81.

[33] 姜付秀，刘志彪，李焰.不同行业内公司之间资本结构差异研究：以中国上市公司为例 [J].金融研究，2008（5）：172-185.

[34] 姜付秀，支晓强，张敏.投资者利益保护与股权融资成本：以中国上市公司为例的研究 [J].管理世界，2008（2）：117-125.

[35] 姜永宏，莫斌，肖迪.行业同群效应视角下货币政策对企业资本结构的影响 [J].南方金融，2019（7）：18-28.

[36] 孔峰，宋国平．股权激励下双重声誉的国企经营者博弈合同分析 [J]．商业研究，2011（8）：112-117.

[37] 赖晓东，赖微微．分位数回归方法在资本结构影响因素分析中的应用 [J]．数理统计与管理，2008（2）：227-234.

[38] 冷建飞，王凯．农业上市公司资产重组绩效实证研究 [J]．南京农业大学学报（社会科学版），2006（1）：18-22.

[39] 李宝仁，王振蓉．我国上市公司盈利能力与资本结构的实证分析 [J]．数量经济技术经济研究，2003（4）：150-153.

[40] 李婧，白俊红，谭清美．考虑空间效应的区域创新效率测评 [J]．研究与发展管理，2010（1）：17-22.

[41] 李科，徐龙炳．资本结构、行业竞争与外部治理环境 [J]．经济研究，2009（6）：116-128.

[42] 李荣锦，雷婷婷．基于熵权 TOPSIS 法的企业盈余质量评价研究：以房地产上市公司为例 [J]．会计之友，2019（24）：72-78.

[43] 李涛．参与惯性和投资选择 [J]．经济研究，2007（8）：95-109.

[44] 李涛．社会互动、信任与股市参与 [J]．经济研究，2006a（1）：34-45.

[45] 李涛．社会互动与投资选择 [J]．经济研究，2006b（8）：45-57.

[46] 李涛，周开国．邻里效应、满意度与博彩参与 [J]．金融研究，2006（9）：129-147.

[47] 李志生，苏诚，李好，等．企业过度负债的地区同群效应 [J]．金融研究，2018（9）：74-90.

[48] 林拓，虞阳，张修桂．现代商会与国家治理：历史与国际的视角：兼论我国商会的"中国特色"[J]．复旦学报（社会科学版），2015（4）：105-115.

[49] 林晚发，刘颖斐．信用评级调整与企业杠杆：基于融资约束的视角 [J]．经济管理，2019（6）：176-193.

[50] 刘柏，卢家锐 . 企业盈余管理的同伴效应研究："序"的调节作用 [J].
上海财经大学学报，2019（4）：112-128.

[51] 刘井建，焦怀东，南晓莉 . 高管薪酬激励对公司债务期限的影响机理
研究 [J]. 科研管理，2015（8）：96-103.

[52] 刘静，王克敏 . 同群效应与公司研发：来自中国的证据 [J]. 经济理论
与经济管理，2018（1）：21-32.

[53] 刘平青，郭慧超 . 不同行业私营企业的内外部治理比较研究：以农业、
制造业和房地产业为例 [J]. 工业经济论坛，2015（4）：86-100.

[54] 刘思，吴迪 . 高管薪酬与资本结构动态调整：基于我国 A 股上市公司
的经验数据 [J]. 会计之友，2019（16）：57-65.

[55] 刘晓华，张利红 . 产品市场竞争、会计信息质量与投资效率：2001—
2014 年中国 A 股市场的经验证据 [J]. 中央财经大学学报，2016（9）：
57-82.

[56] 刘星，蒋水全，付强 . 制度环境、政治关联与资本结构调整：来自民
营上市公司的经验证据 [J]. 华东经济管理，2015（5）：40-45.

[57] 刘钊 . 产权性质、CEO 背景特征与资本结构 [J]. 现代管理科学，2014
（2）：81-82+89.

[58] 刘子旭，耿晓媛 . 农业类上市公司治理结构与公司价值关系实证研究：
基于 48 家农业类上市公司的面板数据分析 [J]. 农业技术经济，2010
（5）：71-78.

[59] 鲁晓晨 . 企业家海外经历、家族涉入对家族企业国际化绩效的影响研
究 [D]. 大连：东北财经大学，2018.

[60] 陆铭，蒋仕卿 . 反思教育产业化的反思：有效利用教育资源的理论与
政策 [J]. 世界经济，2007（5）：44-51.

[61] 陆铭，蒋仕卿，陈钊，等 . 摆脱城市化的低水平均衡：制度推动、
社会互动与劳动力流动 [J]. 复旦学报（社科版），2013（3）：48-

64+166-167.

[62] 陆蓉,常维.近墨者黑:上市公司违规行为的"同群效应"[J].金融研究,2018（8）：172-189.

[63] 陆蓉,王策,邓鸣茂.我国上市公司资本结构"同群效应"研究[J].经济管理,2017（1）：181-194.

[64] 陆正飞,辛宇.上市公司资本结构主要影响因素之实证研究[J].会计研究,1998（8）：34-37.

[65] 罗力群.对美欧学者关于邻里效应研究的述评[J].社会,2007（4）：123-135+208.

[66] 罗雪婷.高管薪酬激励、股权激励与资本结构的非线性关系研究:来自中国制造业上市公司的经验数据[J].金融理论探索,2019（4）：43-52.

[67] 雒敏,聂文忠.财政政策、货币政策与企业资本结构动态调整:基于我国上市公司的经验证据[J].经济科学,2012（5）：18-32.

[68] 吕长江,韩慧博.上市公司资本结构特点的实证分析[J].南开管理评论,2001（5）：26-29.

[69] 吕长江,赵宇恒.国有企业管理者激励效应研究:基于管理者权力的解释[J].管理世界,2008（11）：99-109+188.

[70] 马连福,刘丽颖.高管声誉激励对企业绩效的影响机制[J].系统工程,2013（5）：22-32.

[71] 马文超,胡思玥.货币政策、信贷渠道与资本结构[J].会计研究,2012（11）：39-48.

[72] 马永斌.产品消费过程中同伴的不一致评价总是不利吗:基于社会影响和不忠诚消费行为的视角[J].经济管理,2011（4）：102-110.

[73] 门垚,何勤英.中国大学毕业生劳动力市场中的同群效应[J].人口学刊,2013（1）：87-96.

[74] 聂文忠，雒敏，茅宁．股票市场发展与公司资本结构动态调整 [J]. 南京社会科学，2017（4）：44-51.

[75] 潘昆峰，李扬．高中教育资源均衡配置的效果及其动力学分析 [J]. 清华大学教育研究，2010（10）：14-22.

[76] 潘文卿，李子奈，刘强．中国产业间的技术溢出效应：基于 35 个工业部门的经验研究 [J]. 经济研究，2011（7）：18-29.

[77] 屈耀辉，姜付秀，陈朝晖．资本结构决策具有战略效应吗 [J]. 管理世界，2007（2）：69-75.

[78] 曲炳静，魏欣．我国农业上市公司资本结构的实证分析 [J]. 山东社会科学，2006（7）：101-103+130.

[79] 饶品贵，姜国华．货币政策、信贷资源配置与企业业绩 [J]. 管理世界，2013（3）：12-22.

[80] 申广军，姚洋，钟宁桦．民营企业融资难与我国劳动力市场的结构性问题 [J]. 管理世界，2020（2）：41-58+211.

[81] 沈渊．农业上市公司股权特征与治理现状分析 [J]. 开发研究，2010(4): 85-88.

[82] 盛明泉，张春强，王烨．高管股权激励与资本结构动态调整 [J]. 会计研究，2016（2）：44-50.

[83] 石桂峰．地方政府干预与企业投资的同伴效应 [J]. 财经研究，2015（12）：84-94+106.

[84] 宋献中，吴一能，宁吉安．货币政策、企业成长性与资本结构动态调整 [J]. 国际金融研究，2014（11）：46-55.

[85] 苏诚．连锁董事网中公司并购行为的同群效应 [J]. 华东经济管理，2017，31（1）：143-150.

[86] 苏冬蔚，曾海舰．宏观经济因素与公司资本结构变动 [J]. 经济研究，2009（12）：52-65.

[87] 苏明. 管理者特征、过度自信与公司融资决策实证研究 [J]. 财会通讯，
2013（33）：61-65+129.

[88] 孙刚. 多层次资本市场与上市公司增长性 [J]. 财会月刊，2020（5）：
33-38.

[89] 陶一桃. CEPA 的制度绩效与"邻里效应"分析 [J]. 广东社会科学，
2007（2）：104-109.

[90] 田子军，欧晓明，王宣喻. 上市和非上市农业企业治理结构比较研究 [J].
广东农业科学，2012（9）：223-226.

[91] 佟爱琴，邵鑫，杜旦. 高管特征与公司绩效相关性研究：基于国有与
非国有控股上市公司的对比 [J]. 科学学与科学技术管理，2012，33（1）：
166-172.

[92] 童勇. 我国上市公司资本结构部分调整的实证研究 [J]. 产业经济研究，
2006（2）：43-48+74.

[93] 万良勇，梁婵娟，饶静. 上市公司并购决策的行业同群效应研究 [J].
南开管理评论，2016（3）：40-50.

[94] 汪汇，陈钊，陆铭. 户籍、社会分割与信任：来自上海的经验研究 [J].
世界经济，2009（10）：81-96.

[95] 王怀明，史晓明. 控股股东、治理环境与机构投资者的公司治理效
应 [J]. 南京农业大学学报（社会科学版），2010（1）：40-44+90.

[96] 王进，陈晓思. 学校环境与学生成绩的性别差异：一个基于广州市七
所初中的实证研究 [J]. 社会，2013（5）：159-180.

[97] 王磊，胡纯华，孔东民. 财务舞弊、行业特征与公司投资"同伴效应"[J].
外国经济与管理，2018（12）：125-137.

[98] 王丽南，金昕. 市场时机视角下管理者权力对资本结构的影响 [J]. 会
计之友，2018（7）：110-115.

[99] 王亮亮，王跃堂. 工资税盾、替代效应与资本结构 [J]. 金融研究，

2016（7）：113-133.

[100] 王帅，徐宁，姜楠楠.高管声誉激励契约的强度、效用及作用途径：一个中国情境下的实证检验 [J].财经理论与实践，2016（3）：69-76.

[101] 王藤燕，金源.去家族化能缓解企业融资约束吗 [J].外国经济与管理，2020，42（6）：139-152.

[102] 王跃堂，王亮亮，彭洋.产权性质、债务税盾与资本结构 [J].经济研究，2010（9）：122-136.

[103] 魏哲海.管理者过度自信、资本结构与公司绩效 [J].工业技术经济，2018（6）：3-12.

[104] 吴育辉，翟玲，吴世农.信用评级与资本结构：来自中国 A 股上市公司的经验证据 [J].厦门大学学报（哲学社会科学版），2019（4）：41-52.

[105] 伍中信，张娅，张雯.信贷政策与企业资本结构：来自中国上市公司的经验证据 [J].会计研究，2013（3）：51-58.

[106] 肖作平.制度因素对资本结构选择的影响分析：来自中国上市公司的经验证据 [J].证券市场导报，2009（12）：40-47.

[107] 肖作平.中国上市公司资本结构影响因素研究：理论和证据 [D].厦门：厦门大学，2004.

[108] 肖作平.资本结构影响因素和双向效应动态模型：来自中国上市公司面板数据的证据 [J].会计研究，2004（2）：36-41.

[109] 肖作平，吴世农.我国上市公司资本结构影响因素实证研究 [J].证券市场导报，2002（8）：39-44.

[110] 谢辰，应惟伟，彭梓倩.高管薪酬与资本结构动态调整 [J].经济评论，2019（1）：121-132.

[111] 谢欣雨，孙磊.我国主板、中小板和创业板上市公司股利支付偏好

　　差异统计分析 [J]. 宁夏大学学报（人文社会科学版），2019（11）：148-159.

[112] 徐龙炳，李科. 政治关系如何影响公司价值：融资约束与行业竞争的证据 [J]. 财经研究，2010（10）：60-69.

[113] 许彪，侯丽薇，周建忠，等. 我国农业上市公司股权结构实证分析 [J]. 吉林农业大学学报，2003（6）：705-708.

[114] 薛海燕，张信东，隋静. 资本市场、融资依赖与企业创新投资：来自新三板与创业板的证据 [J]. 经济问题，2020（5）：71-78.

[115] 薛胜昔，曹太云. 地理位置与资本结构 [J]. 会计之友，2020（4）：98-103.

[116] 闫红波，王国林. 我国货币政策产业效应的非对称性研究：来自制造业的实证 [J]. 数量经济技术经济研究，2008（5）：17-29.

[117] 闫先东，朱迪星. 货币政策与企业投融资行为：基于最新文献的述评 [J]. 金融评论，2018（3）：94-125.

[118] 杨娟. 基于同群效应的美国班级规模研究述评 [J]. 教育科学，2012（8）：76-80.

[119] 杨明增，张钦成. 高新技术企业减税激励政策会产生同伴压力效应吗 [J]. 当代财经，2019（6）：118-129.

[120] 杨钋，朱琼. 初中生同伴关系的影响因素分析 [J]. 北京大学教育评论，2013（7）：99-117+192.

[121] 杨兴全，尹兴强. 谁受到了货币政策的有效调控：基于上市公司投资行为的研究 [J]. 会计研究，2017（4）：3-11.

[122] 杨洋. 债务税盾对不同成长性公司资本结构选择的影响 [J]. 国际商务财会，2015（4）：83-91.

[123] 姚宇韬，王跃堂. "营改增"对企业资本结构的影响：基于非债务税盾的视角 [J]. 南京师大学报（社会科学版），2019（1）：130-

143.

[124] 叶松庆. 当代未成年人价值观的演变特点与影响因素：对安徽省 2426 名未成年人的调查分析 [J]. 青年研究，2006（12）：1-9.

[125] 易志高，李心丹，潘子成，等. 公司高管减持同伴效应与股价崩盘风险研究 [J]. 经济研究，2019（11）：54-60.

[126] 于传荣，方军雄. 经济政策不确定性与企业外部融资的萎缩 [J]. 财务研究，2018（4）：3-14.

[127] 余景选，郑少锋. 资本结构与公司绩效的关系：农业与零售业上市公司实证比较 [J]. 生产力研究，2010（10）：107-109.

[128] 余明桂，夏新平，邹振松. 管理者过度自信与企业激进负债行为 [J]. 管理世界，2006（8）：104-112.

[129] 袁春生，郭晋汝. 货币政策变化对企业资本结构动态调整影响研究：来自中国上市公司的经验证据 [J]. 宏观经济研究，2018（7）：19-32.

[130] 张艾莲，潘梦梦，刘柏. 过度自信与企业融资偏好：基于高管性别的纠偏 [J]. 财经理论与实践，2019（4）：53-59.

[131] 张东旭，汪猛，徐经长. 股票期权激励与资本结构决策 [J]. 科研管理，2019（6）：175-183.

[132] 张明，蓝海林，曾萍. 管理者过度自信：研究述评与展望 [J]. 外国经济与管理，2019（2）：17-29.

[133] 张天宇，钟田丽. 基于学习行为的资本结构同伴效应实证研究 [J]. 管理科学，2019（2）：94-107.

[134] 章琳一，张洪辉. 市场竞争与过度投资的关系研究：基于战略性投资视角 [J]. 产业经济研究，2015（2）：58-67.

[135] 赵颖. 中国上市公司高管薪酬的同群效应分析 [J]. 中国工业经济，2016，35（2）：114-129.

[136] 赵宇恒，邢丽慧，孙悦.政治关联、高管激励与资本结构 [J].管理评论，2016（11）：150-161.

[137] 郑磊.教育中的社区效应和同伴效应：方法、证据及政策启示 [J].教育学报，2015（5）：99-110.

[138] 钟宁桦，刘志阔，何嘉鑫，等.我国企业债务的结构性问题 [J].经济研究，2016（7）：102-117.

[139] 钟田丽，张天宇.我国企业资本结构决策行为的"同伴效应"：来自深沪两市 A 股上市公司面板数据的实证检验 [J].南开经济评论，2017（2）：58-70.

[140] Adhikari B K, Agrawal A . Peer influence on payout policies[J]. Journal of Corporate Finance, 2018, 48: 615-637.

[141] Aivazian V A, Booth L, Cleary S, et al. Dividend smoothing and debt ratings[J]. The Journal of Financial and Quantitative Analysis, 2006, 41(2): 439-453.

[142] Aivazian V A, Ge Y, Qiu J. The impact of leverage on firm investment, Canadian evidence[J]. Journal of Corporate Finance, 2005, 11: 277-291.

[143] Alesina A, La Ferrara E. Who trusts others?[J]. Journal of Public Economics, 2002, 85(2): 207-234.

[144] Almeida H, Philippon T. The risk-adjusted cost of financial distress[J]. Journal of Finance, 2007, 62(6): 2557-2586.

[145] Anselin L, Varga A, Acs Z. Local geographic spillovers between university research and high technology innovations[J]. Journal of Urban Economics, 1997, 42(3): 422- 448.

[146] Antweiler W, Frank M Z. Do U. S. stock markets typically overreact to corporate news stories[EB/OL]. (2005-10-25)[2018-08-26]. https: //www. docin. com/p-93781965. html.

[147] Asch S E. Effects of group pressure upon the modification and distortion of

judgments[M]. Pittsburgh, PA: Carnegie Press, 1951.

[148] Baker M, Wurgler J. Market timing and capital structure[J]. Journal of Finance, 2002, 62(1): 1-32.

[149] Bandura A. Social learning theory[M]. Englewood Cliffs. NJ: Prentice Hall, 1977.

[150] Banerjee A V. A simple model of herd behavior[J]. Quarterly Journal of Economics, 1992, 107(3): 797-817.

[151] Batty M. Virtual geography[J]. Futures, 1997, 29(4/5): 337-352.

[152] Berkman L F. Social support, social networks, social cohesion and health[J]. Social Work in Health Care, 2000, 31(2): 3-14.

[153] Bessler W, Drobetz W, Kazemieh R. Factors affecting capital structure decisions[M]. New Jersey: John Wiley & Sons Inc, 2011: 17-41.

[154] Bikhchandani S, Hirshleifer D, Welch I. Learning from the behavior of others: conformity, fads and informational cascades[J]. Journal of Economic Perspectives, 1998, 12(3): 151-170.

[155] Bizjak J, Lemmon M, Naveen L. Does the use of peer groups contribute to higher pay and less efficient compensation?[J]. Journal of Financial Economics, 2008, 90(2): 152-168.

[156] Booth L, Aivazian V, Demirguc-Kunt A, et al. Capital structures in developing countries[J]. Journal of Finance, 2001, 56(1): 87-130.

[157] Bougheas S, Mizen P, Yalcin C. Access to external finance: theory and evidence on the impact of monetary policy and firm-specific characteristics[J]. Journal of Banking and Finance, 2006, 30(1): 199-227.

[158] Bradley M, Jarrell G A, Kim E H. On the existence of an optimal capital structure: theory and evidence[J]. The Journal of Finance, 1984, 39(3): 857-878.

[159] Brailsford T J, Barry O L, Pua S H. On the relation between ownership structure

and capital structure[J]. Accounting and Finance, 2002, 42(1): 1 -26.

[160] Bramoull Y, Habiba D, Bernard F. Identification of peer effects through social networks[J]. Journal of Econometrics, 2009, 150: 41-45.

[161] Brisker E R, WANG W. CEO's inside debt and dynamics of capital structure[J]. Financial Management, 2017, 46(3): 655-685

[162] Brock A W, Durlauf N S. Discrete choice with social interactions[J]. The Review of Economic Studies, 2001, 68(2): 235 -260.

[163] Burnkrant R E, Cousineau A. Informational and normative social influence in buyer behavior[J]. Journal of Consumer Research, 1975, 2 (3): 206-215.

[164] Bursztyn L, Ederer F, Ferman B, et al. Understanding mechanisms underlying peer effects: evidence from a field experiment on financial decisions[J]. Econometrica, 2014, 82(4): 1273-1301.

[165] Butler A W, Grullon G, Weston J P. Stock market liquidity and the cost of issuing equity[J]. Journal of Financial and Quantitative Analysis, 2005, 40(2): 331-348.

[166] Camerer C, Lovallo D. Optimism and excess entry: an experimental approach[J]. American Economic Review, 1999, 89(1): 306-318.

[167] Cappa F, Cetrini G, Oriani R. The impact of corporate strategy on capital structure: evidence from Italian listed firms[J]. The Quarterly Review of Economics and Finance, 2019: 1-7.

[168] Celem B, Kariv S. Distinguishing cascades from herd behavior in the laboratory[J]. The American Economic Review, 2004, 93(3): 484-498.

[169] Chaplinsky S, Niehaus G. Do inside ownership and leverage share common determinants?[J]. Quarterly Journal of Business and Economics, 1993, 32(4): 51-65.

[170] Charles J H, Ryngaert M, Thomas S. Corporate structure and equity offerings:

are there benefits to diversification[J]. The Journal of Business, 2001, 74(4): 613-635.

[171] Chen T. FDI, technology spillovers and technology gap[J]. Financial Research, 2003, 8: 59-69.

[172] Chen S, Ma H. Peer effects in decision making: evidence from corporate investment[J]. China Journal of Accounting Research, 2017, 10(2): 167-188.

[173] Chirinko R S, Schaller H. Business fixed investment and "bubbles" [J]. American Economic Review, 2001, 91(3): 663-680.

[174] Chkir I E, Cosset J C. Diversification strategy and capital structure of multinational corporations[J]. Journal of Multinational Financial Management, 2001, 11(1): 17-37.

[175] Coe D, Helpman E. International R and D spillovers[J]. European Economic Review, 1995, 39: 859-887.

[176] Coleman J S, Campbell E, Hobson C, et al. Equality of educational opportunity[J]. Biometrics, 1967, 23(1): 163.

[177] Conlisk J. Costly optimization versus cheap imitators[J]. Journal of Economic Behavior and Organization, 1980, 1(3): 275-293.

[178] Corcoran P. Inflation, taxes and corporate investment incentives[J]. Federal Reserve Bank of New York Quarterly Review, 1977, 2(2): 1-9.

[179] Cronqvist H, Makhija A K, Yonker S E. Behavioral consistency in corporate finance: CEO personal and corporate leverage[J]. Journal of Financial Economics, 2012, 103(1): 20-40.

[180] DeAngelo H, Masulis R. Optimal capital structure under corporate and personal taxation[J]. Journal of Financial Economics, 1980, 8(1): 3-29.

[181] Deconinck K, Swinnen J. Peer effects and the rise of beer in Russia[J]. Food Policy, 2015, 51: 83-96.

[182] Dhaene J, Linders D, Schoutens W, et al. The herd behavior index: a new measure for the implied degree of co-movement in stock markets Insurance[J]. Mathematics and Economics, 2012, 50(3): 357-370.

[183] Ding W, Lehrer S F. Do peers affect student achievement in china secondary schools[J]. Review of Economics and Statistics, 2007, 89(2): 300-312.

[184] Dougal C, Parsons C A, TITMAN S. Urban vibrancy and corporate growth[J]. Journal of Finance, 2015, 70(1): 163-210.

[185] Duncan G J, Boisjoly J, Kremer M, et al. Peer effects in drug use and sex among college students[J]. Journal of Abnormal Child Psychology, 2005, 33: 375-385.

[186] Duong H K, Ngo A D, McGowan C B. Industry peer effect and the maturity structure of corporate debt[J]. Managerial Finance, 2015, 41(7): 714-733.

[187] Durlauf S N. Neighborhood effects, handbook of regional and urban economics [M]. North Holland: Elsevier Science Ltd, 2004.

[188] Elhorst J P. Applied spatial econometrics: raising the bar[J]. Spatial Economic Analysis, 2010, 5(1): 9-28.

[189] Elhorst J P. Dynamic panels with endogenous interaction effects when T is small[J]. Regional Science and Urban Economics, 2010, 40(5): 272-282.

[190] Elsas R, Flannery M J, Garfinkel J A. Financing major investments: information about capital structure decisions[J]. Review of Finance, 2014, 18(4): 1341-1386.

[191] Evans N W, Oates E W, Schwab M R. Measuring peer group effects: a study of teenage behavior[J]. Journal of Political Economy, 1992, 100(5): 966 - 991.

[192] Faccio M, McConnell J, Masulis R. Political connections and government bailouts[J]. Journal of Finance, 2006, 61(6): 2597 -2635.

[193] Fama E F. Agency problems and the theory of the firm[J]. Journal of Political Economy, 1980, 88(2): 288-307.

[194] Fehr E, Tyran J R. Individual irrationality and aggregate outcomes[J]. Social

Science Electronic Publishing, 2005, 19(4): 43-66.

[195] Ferri M, Jones W. Determinants of financial structure: a new methodological approach[J]. Journal of Finance, 1979, 34(3): 631-644.

[196] Festinger L. A theory of social comparison processes[J]. Human Relations, 1954, 7(2): 117-140.

[197] Fletcher J M. "Peer influences on adolescent alcohol consumption: evidence using an instrumental variables/fixed effect approach" [J]. Journal of Population Economics, 2012, 25(4): 1265-1286.

[198] Fortin B, Yazbeck M. Peer effects, fast food consumption and adolescent weight gain[J]. Journal of Health Economics, 2015, 42: 125-138.

[199] Foster A D, Rosenzweig M R. Learning by doing and learning from others: human capital and technical change in agriculture[J]. Journal of Political Economy, 1995, 103(6): 1176-1209.

[200] Foster G. It's not your peers, and it's not your friends: Some progress toward understanding the educational peer effect mechanism[J]. Journal of Public Economics, 2006, 90(8-9): 1455-1475.

[201] Foucault T, Fresard L. Learning from peers' stock prices and corporate investment[J]. Journal of Financial Economics, 2014, 111(3): 554-577.

[202] Frank M Z, Goyal V K. Testing the pecking order theory of capital structure[J]. Journal of Financial Economics, 2003, 67(2): 217-248.

[203] Frank M, Goyal V K. Capital structure decisions: which factors are reliably important[J]. Financial Management, 2009, 38(1): 1-37.

[204] Frank M Z, Goyal V K. Tradeoff and pecking order theories of debt[M]//Eckbo E. The handbook of empirical corporate finance. Oxford: Elsevier, Amsterdam, 2008.

[205] Frasassi C. Corporate finance policies and social networks[J]. Management

Science, 2017, 63(8): 2420-2438.

[206] Frydenberg S. Capital structure theories and empirical tests: an overview[M]// Kent Bake H, Gerald S. Capital structure and corporate financing decisions: theory, evidence, and Practice. New Jersey: John Wiley & Sons Inc, 2011: 129-150.

[207] Galster G. The mechanisms of neighborhood effects: theory, evidence, and policy Implications[M]// Ham M V, Manley D N, Bailey L, et al. Neighborhood effects research: New perspectives. Netherlands: Springer, Dordrecht, 2011.

[208] Gao W, Ng L, Wang Q. Does corporate headquarters location matter for firm capital structure[M]. Spring: Financial Management, 2011: 113 - 138.

[209] Ghosh C, Petrova M, Wang A. Determinant of capital structure: a long term perspective [EB/OL]. (2012-12-10)[2012-12-10]. http: //www. lehigh. edu/-jms408/Milena_2012, pdf.

[210] Gilchrist S, Himmelberg C P, Huberman G. Do stock price bubbles influence corporate investment[J]. Journal of Monetary Economics, 2005, 52(4): 805-827.

[211] Girma S, Greenaway D, Wakelin K. Who benefits from foreign direct investment in the UK[J]. Scottish Journal of Political Economy, 2001, 48(2): 119-133.

[212] Gladwell M. The tipping point: how little things can make a big difference[M]. New York: Oversea Publishing House, 2000.

[213] Glaeser E, Kohlhase J E. Cities, regions and the decline of transport costs[J]. Review Economic Design, 2003, 83(1): 197-228.

[214] Goodrich K, Mangleburg T F. Adolescent perceptions of parent and peer influences on teen purchase: an application of social power theory[J]. Journal of Business Research, 2010, 63(12): 1328-1335.

[215] Graham J R. Proxies for the corporate marginal tax rate[J]. Journal of Financial Economics, 1996, 42(2): 187-221.

[216] Graham J R. How big are the tax benefits of debt?[J]. Journal of Finance, 2000, 55(5): 1901-1941.

[217] Graham J R, Harvey C R. The theory and practice of corporate finance evidence from the field[J]. Journal of Financial Economic, 2001, 60(2): 187-243.

[218] Graham J. Debtand the marginal tax rate[J]. Journal of Financial Economics, 1996, 41(1): 41-73.

[219] Grennan J. Dividend payments as a response to peer influence[J]. Journal of Financial Economics, 2019, 131(3): 549-570.

[220] Griffith R, Redding S, Simpson H. Productivity convergence and foreign ownership at the establishment level[J]. EIB papers, 2004, 9(1): 81.

[221] Grinblatt M, Keloharju M, Ikheimo S. Social influence and consumption: evidence from the automobile purchases of neighbors[J]. Social Science Electronic Publishing, 2008, 90(4): 735-753.

[222] Hackbarth D. Managerial traits and capital structure decisions[J]. Journal of Financial and Quantitative Analysis, 2008, 43(4): 843-881.

[223] Hagerstrand T. The propagation of innovation waves[J]. Lund Studies in Geography B-4, 1952.

[224] Hagerstrand T. Innovation diffusion as a spatial process[M]. Chicago: the University of Chicago Press, 1967.

[225] Halliday T J, Kwak S. What is a peer? the role of network definitions in estimation of endogenous peer effects[J]. Applied Economics, 2012, 44(3): 289-302.

[226] Hansen B E. Threshold effects in non-dynamic panels: estimation, testing, and inference[J]. Journal of Econometrics, 1999, 93(2): 345-368.

[227] Harris M, Raviv A. The theory of capital structure[J]. Journal of Finance, 1991, 46(1): 297-355.

[228] Harrison A E, Love I, McMillan M S. Global capital flows and financing constraints[J]. Journal of Development Economics, 2004, 75(1): 269-301.

[229] Hau H, Lai S. Real effects of stock underpricing[J]. Journal of Financial Economics, 2013, 108(2): 392-408.

[230] He Z. A model of dynamic compensation and capital structure[J]. Journal of Financial Economics, 2011, 100(2): 351-366.

[231] Heaton J B. Managerial optimism and corporate finance[J]. Financial Management, 2002, 31(2): 33-45.

[232] Hill A, Kern D, White M. Building understanding in strategy research: the importance of employing consistent terminology and convergent measures[J]. Strategic Organization, 2012, 10(2): 187-200.

[233] Hoberg G, Phillips G. Text- based network industries and endogenous product differentiation[J]. Journal of Political Economy, 2016, 124(5): 1423 - 1465.

[234] Homaifar A, Qi C X, Lai S H. Constrained optimization via genetic algorithms[J]. Simulation, 1994, 62(4): 242-254.

[235] Hong H, Kubik J, Stein J. Thy neighbor's portfolio: word-of-mouth effects in the holdings and trades of money managers[J]. Journal of Finance, 2005, 60(6): 2801-2824.

[236] Hubbard P, Kitchin R, Bartley B. Thinking geographically: space, theory and contemporary human geography[J]. Annales de g é ographie, 2003, 637: 664.

[237] Hyman H H. The psychology of status[J]. Archives of Psychology, 1942, 269: 94.

[238] Ivković Z, Weisbenner S. Information diffusion effects in individual investors' common stock purchases: covet thy neighbors' investment choices[J]. The Review of Financial Studies, 2007, 20(4): 1327-1357.

[239] Iyengar R, Han S, Gupta S. Do friends influence purchases in a social

network[EB/OL]. (2018-09-04)[2018-09-04]. http: //dx. doi. org/10. 2139/ ssrn. 1392172.

[240] Jaffe A B. Technological opportunity and spillovers of R & D: evidence from firms' patents, profits and market value[J]. American Economic Review, 1986, 76(5): 985-1001.

[241] Jaffe A B. Real effects of academic research[J]. American Economic Review, 1989, 79(5): 957-970.

[242] Janssen M A, Jager W. Fashions, habits and changing preferences: simulation of psychological factors affecting market dynamics[J]. Journal of Economic Psychology, 2001, 22(6): 745-772.

[243] Javorcik B S, Spatareanu M. Tough love: do Czech suppliers learn from their relationships with multinationals[J]. The Scandinavian Journal of Economics, 2009, 111(4): 811-833.

[244] Jouida S. Diversification, capital structure and profitability: a panel VAR approach[J]. Research in International Business and Finance, 2018, 45: 243-256.

[245] Keller W. Geographic localization of international technology diffusion[J]. American Economic Review, 2002, 92(1): 120-42.

[246] Kinoshita Y. R & D and technology spillovers via FDI: innovation and absorptive capacity[EB/OL]. (2009-12-17)[2000-11-01]. https : //ssrn. com/ abstract=1524289.

[247] Kisgen D J. Credit ratings and capital structure[J]. The Journal of Finance, 2006, 61(3): 1035-1072.

[248] Kisgen D J. Do firms target credit ratings or leverage levels[J]. Journal of Financial and Quantitative Analysis, 2009, 44(6): 1323-1344.

[249] Kochhar R, Hitt M A. Linking corporate strategy to capital structure: diversification strategy, type and source of financing[J]. Strategic Management

Journal, 1998, 19(6): 601-610.

[250] Koh K. Value or glamour? An empirical investigation of the effect of celebrity CEOs on financial reporting practices and firm performance[J]. Accounting & Finance, 2011, 51(2): 517-547.

[251] Kraus A, Litzenberger R. A state-preference model of optimal financial leverage[J]. Journal of Finance, 1973, 28(4): 911-922.

[252] Lang L, Ofek E, Stulz R M. Leverage, investment, and firm growth[J]. Journal of Financial Economics, 1996, 40(1): 3-29.

[253] Larwood L, Whittaker W. Managerial myopia: self-serving biases in organizational planning[J]. Journal of Applied Psychology, 1977, 62(2): 194-198.

[254] Laschever R A. Keeping up with CEO Jones: benchmarking and executive compensation[J]. Journal of Economic Behavior and Organization, 2013, 93: 78-100.

[255] Leary M T, Roberts M R. Do firms rebalance their capital structures[J]. Journal of Finance, 2005, 60(6): 2575-2619.

[256] Leary M T, Roberts M R. Do peer firms affect corporate financial policy[J]. The Journal of Finance, 2014, 69(1): 139-178.

[257] Leary M T. Bank loan supply, lender choice, and corporate capital structure[J]. The Journal of Finance, 2009, 64(3): 1143-1185.

[258] Leibenstein H. Bandwagon, snob and Veblen effects in the theory of consumer demand[J]. Quarterly Journal of Economics, 1950, 64(2): 183-207.

[259] Lewellen S. Executive compensation and industry peer groups[Z]. Working Paper. London Business School, 2015-05-15.

[260] Lewellen W G. A pure financial rationale for the conglomerate merger[J]. Journal of Finance, 1971, 26(2): 521-537.

[261] Li K, Yue H, Zhao L. Ownership, institutions, and capital structure: evidence from China[J]. Journal of Comparative Economics, 2009, 37(3): 471-490.

[262] Loof H. Dynamic optimal capital structure and technical change[J]. Structural Change and Economic Dynamics, 2004, 15(4): 449-468.

[263] Loughran, T, Ritter J. The new issues puzzle[J]. Journal of Finance, 1995, 50(1): 23-51.

[264] Lucas D, McDonald R. Equity issues and stock price dynamics[J]. The Journal of Finance, 1990, 45(4): 1019-1043.

[265] MacKay P, Phillips G M. How does industry affect firm financial structure[J]. Review of Financial Studies, 2005, 18(4): 1433-1466.

[266] Malmendier U, Tate G. CEO overconfidence and corporate investment[J]. Journal of Finance, 2005, 60(6): 2661-2700.

[267] Malmendier U, Tate G, Yan J. Overconfidence and early-life experiences: the effect of managerial traits on corporate financial policies[J]. Journal of Finance, 2011, 66(5): 1687-1733.

[268] Manski C F. Identification problems in the social sciences[M]. Cambridge: Harvard University Press, 1995.

[269] Manski C F. Identification of endogenous social effects: the reflection problem[J]. Review of Economic Studies, 1993, 60(3): 531-542.

[270] Merton R K, Rossi A K. Contributions to the theory of reference group behavior[M]// Merton R K. Social Theory and Social Structure. New York: The Free Press, 1949: 225-275.

[271] Miglo A. Trade-Off, Pecking order, signaling, and market timing models[M]. New Jersey: John Wiley & Sons Inc, 2011.

[272] Miglo A. Timing of earnings and capital structure[J]. North American Journal of Economics and Finance, 2017, 40: 1-15.

[273] Mizruchi M S. A dyadic analysis of similarity of borrowing by large U. S. firms, 1973—1993[EB/OL]. (2002-05-27)[2019-08-26]. https: //citeseerx. ist. psu. edu/viewdoc/download;jsessionid=636BB6FFE1569766464A11D15F813845?doi=10. 1. 1. 110. 3761&rep=rep1&type=pdf.

[274] Modigliani F, Miller M. The cost of capital, corporation finance and the theory of investment[J]. American Economic Review, 1958, 48(3): 261-297.

[275] Moretti E. Social learning and peer effects in consumption: evidence from movie sales[J]. Review of Economic Studies, 2011, 78(1): 356-393.

[276] Moschis G P, Churchill G A. Consumer socialization: a theoretical and empirical analysis[J]. Journal of Marketing Research, 1978, 15(4): 599-609.

[277] Myers S C, Majluf N S. Corporate financing and investment decisions when firms have information that investors do not have[J]. Journal of Financial Economics, 1984, 13(2): 187-221.

[278] Myers S C. Capital structure[J]. Journal of Economic Perspectives, 2001, 15(2): 81-102.

[279] Oliver B R. The impact of management confidence on capital structure[Z]. Australian National University: Working Paper Series in Finance, 2005(7): 223-251.

[280] Ozbeklik S, Smith J K. Risk taking in competition: evidence from match play golf tournaments[J]. Journal of Corporate Finance, 2014, 44: 506-523.

[281] Panageas S. The neoclassical theory of investment in speculative markets[EB/OL]. (2005-05-09)[2017-10-11]. https: //ssrn. com/abstract=720464.

[282] Park A, Sabourian H. Herd behaviour in efficient F financial markets with sequential Trades. [EB/OL]. (2005-09-04)[2018-08-14]. https: //citeseerx. ist. psu. edu/viewdoc/summary?doi=10. 1. 1. 225. 6945.

[283] Park K, Yang I, Yang T. The peer-firm effect on firm's investment decisions[J].

North American Journal of Economics and Finance, 2017, 40: 178-199.

[284] Parsons C A, Sulaeman J, Titman S. The Geography of financial misconduct[J]. The Journal of Finance, 2018, 69(5): 2087-2137.

[285] Rajan R G, Zingales L. What do we know about capital structure? Some evidence from international data[J]. The Journal of Finance, 1995, 50(5): 1421-1460.

[286] Rashotte L. Social influence[M]//Ritzer G. The Blackwell Encyclopedia of Sociology. Oxford: Blackwell Publishing, 2007: 4426-4429.

[287] Rey S J, Montouri B D. US Regional income convergence: a spatial econometric perspective[J]. Regional Studies, 1999, 33(2): 143-156.

[288] Romani A Q. Estimating the peer effect on youth overweight and inactivity using an intervention study[J]. Journal of School Health, 2014, 84(10): 617-624.

[289] Ross S A, Westerfield R W, Jaffe J. Corporate Finance[M]. New York: McGraw-Hill Irwin, 2010.

[290] Russo J E, Schoemaker P J H. Managing overconfidence[J]. Sloan Management Review, 1999, 33(2): 7-17.

[291] Sacerdote B. Peer effects with random assignment: results for Dartmouth roommates[J]. Quarterly Journal of Economics, 2001, 116(2): 681-704.

[292] Salazar H A, Oerlemans L, Stroe-Biezen S V. Social influence on sustainable consumption: evidence from a behavioural experiment[J]. International Journal of Consumer Studies, 2013, 37(2): 172-180.

[293] Sampson R, Morenoff J, Gannon-Rowley T. Assessing "neighborhood effects": social processes and new directions in research[J]. Annual Review of Sociology, 2002, 28(1): 443-478.

[294] Saze E, Duflo E. Participation and investment decisions in a retirement plan: the influence of colleagues choices[J]. Journal of Public Economics, 2002, 85 (4): 121-148.

[295] Saze E, Duflo E. The role of information and social interactions in retirement plan decisions: evidence from a randomized experiment[J]. Quarterly Journal of Economics, 2003, 118 (6): 815 - 842.

[296] Scharfstein D S, Stein J C. Herd behavior and investment[J]. The American Economic Review, 1990, 80(3): 465-479.

[297] Schultz P. Pseudo market timing and the long-run underperformance of IPOs[J]. The Journal of Finance, 2003, 58(2): 483-517.

[298] Schumpeter J A. Capitalism, Socialism and Democracy[M]. New York: Harper Perennial, 1942.

[299] Schwartz E, Aronson J. Some surrogate evidence in support of the concept of optimal financial structure[J]. Journal of Finance, 1967, 22(1): 10-18.

[300] Sherif M. An outline of social psychology[J]. American Sociological Review, 1956, 9(2): 83-102.

[301] Short H, Keasey R, Duxbury D. Capital structure, management ownership and larger external shareholder: a UK analysis [J]. International Journal of Business, 2002, 9(3): 375-399.

[302] Singh M, Nejadmalayeri A. Internationalization, capital structure, and cost of capital: evidence from French corporations[J]. Journal of Multinational Financial Management, 2004, 14(2): 153-169.

[303] Singh M, Davidson W N, Suchard J A. Corporate diversification strategies and capital structure[J]. The Quarterly Review of Economics and Finance, 2003, 43(1): 147-167.

[304] Song Z, Storesletten K, Zilibotti F. Growing like China[J]. American Economic Review, 2011, 101(1): 196-233.

[305] Stiglitz J E. Credit markets and the control of capital[J]. Journal of Financial Money, Credit and Banking, 1985, 17(2): 501-521.

[306] Tang T T. Information asymmetry and firms' credit market access: Evidence from Moody's credit rating format refinement[J]. Journal of Financial Economics, 2009, 93(2): 325-351.

[307] Titman S, Wessels R. The determinants of capital structure choice[J]. Journal of Finance, 1988, 43(1): 1-19.

[308] Tobler W R. Lattice tuning[J]. Geographical Analysis, 1979, 11(1): 36-44.

[309] Waller M J. The timing of adaptive group responses to non- routine events[J]. Academy of Management Journal, 1999, 42(2): 127-137.

[310] Wang X, Manry D, Rosa G. Ownership structure, economic fluctuation, and capital structure: evidence from China[J]. International Journal of Finance and Economics, 2019, 24(2): 841-854.

[311] Weston J. The nature and significance of conglomerate firms[J]. St. John's Law Review, 1970, 44(5): 66 -80.

[312] Williamson O E. Corporate finance and corporate governance[J]. The Journal of Finance, 1988, 43(3): 567-591.

[313] Wong L H, Gygax A, Wang P. Board interlocking network and the design of executive compensation packages[J]. Social Networks, 2015, 41(5): 85-100.

[314] Wurgler J. Financial markets and the allocation of capital[J]. Journal of Financial Economics, 2000, 58(1): 187-214.

[315] Zimmerman D J. Peer effects in academic outcomes: evidence from a natural experiment [J]. Review of Economics and Statistics, 2003, 85(1) : 9-23.

[316] Zwiebel J. Corporate conservatism and relative compensation[J]. Journal of Political Economy, 1995, 103(1): 1-25.

后 记

本书是在我博士论文的基础上完成的。作为一个在高校工作多年又重回校园在职攻读博士学位的学生，我曾为接触到更多新的老师、新的知识而感到兴奋，也曾为如何处理好家庭、工作和学习之间的关系而感到压力和焦虑。论文的写作过程耗时良久，磕磕绊绊，期间遇到了很多未曾预料到的困难。回忆起论文一遍遍修改完善时，反复阅读文献、再三斟酌语句，唯恐不够严谨，每天只能写几行字的日子，深深觉得论文写作的过程不仅是对几年中学习所得的总结，更是对自我意志的磨练。一分耕耘一分收获，这段过程固然艰苦，但更显得其中每一点进步的难能可贵，从中收获的快乐也无与伦比。

本书能够顺利出版，得益于太多人的帮助。首先，由衷地感谢我的导师茅宁教授。在南大学习期间，茅老师对学术的严谨和敬业留给我最为深刻的印象。为了让大家能保持对学术前沿问题的关注和敏感性，茅老师在各种繁忙的事务之中挤出时间，坚持每周在讨论课上为我们分享与专业领域相关的热点社会事件及国内外学者们的最新研究成果，带领我们总结可能的研究方向，鼓励我们进行独立思考和尝试，并尽其所能为我们创造各种便利条件。本书也是在茅老师的悉心指导下，从选题开始，慢慢成型直到最终完成。除了在讨论课上的正式分享，茅老师还尽力在课下为我们创造更多、更轻松的交流环境，在这些课程和交流中我受益良多。除了学业上的指导外，茅老师还时常和我们分享他的生活态度，他经常告诫我们，学习和研究都不能离开生活，社会上的各种热门事件都应该有所关注，绝不能闭门造车，脱离社会。茅老师的教导为我打开了一扇新的大门，让我得以初步窥见浩瀚学术海洋的一角，他的敬业和严谨治学的态度对我产生了极大的影响，为我今后的工作树立了榜样，在此谨表最深切的敬意与感恩。

感谢南大商学院其他曾为我传道授业解惑的老师们。从开拓视野的理论学习，到严谨务实的研究方法，每位老师的悉心教导都为本书的完成打下了坚实的基础。特别感谢赵曙明教授、蒋春燕教授、耿修林教授和席猛老师对本书提出的宝贵修改建议和指导。

感谢同师门的兄弟姐妹，时常在讨论中给我启发，从不吝于分享资源和提供帮助，有他们在的师门永远温暖且充满活力。感谢南京农业大学马宇贝博士在数据处理和模型构建方面上给予的诸多支持与帮助。

本书能够完成还得益于我所在的单位南京晓庄学院商学院领导和同事的关心和帮助，感谢赵彤院长和历任院领导在我攻读博士学位期间和本书出版过程中给予的大力支持；感谢教研室的同事们在本书构思和写作时给予的宝贵建议和无私帮助。

最后，还要把最真诚的感谢留给一直陪伴在我身边，做我最坚实后盾的家人。感谢我的先生，在他的大力支持和鼓励下，我才有勇气和信心坚持走完这段绝不轻松的求学之路。感谢我的小宝贝，她是我生活中的调味剂和开心果，有了她，我对生活多了一份责任感，也更多地体会到了幸福的感觉。感谢我的父母，他们一直站在背后不遗余力的支持我，给我他们所有力所能及的帮助，他们的鼓励和期待是我人生道路上不断前行的最大动力。

徐　萌

于二〇二〇年八月十日